JN208985

まんがでわかる

ヒトは「いじめ」をやめられない

監修 中野信子 脳科学者

作画 かんようこ

編集協力 サイドランチ

いじめは、
今日もどこかで
行われている。
バサッ
ぜんっぜん
ダメ！
あなたこの企画の
趣旨理解してる？
資料全部
読んだの!?
す…
すみません。

ほんとに、
使えない
オトコね。
すみません……
プーーッ
クスクス
ドサ
これも
ついでに……
ぐすぐす…
ヒソヒソ

金出せよ、
オラ!!
お金は…もうありません……
あ?
なめたこと言ってんじゃねえぞ!
しゃーねーな、
じゃあこの画像……
本当にばら撒いていいんだな?
!!

やめてください、それだけは…！
だったら、
どうすればいいかわかるよな？
——さん家《ち》、またケンカしてたでしょ。
ほとんど毎日じゃない？
夜中に迷惑よね。

きっと
お母さんが
きつすぎるのよ。
あの人、
初めて挨拶した
ときから苦手だと
思ってたわ。
わたしも！
この間
なんて……
ガチャ
サッ
ピロン
あの女マジ
うざくね
相手によって
態度変えすぎ
お前は女の前で
態度変えすぎだろw
草

ポン
あいつも
気の毒だよな
既読
自業自得だろ
ヒュポン
早くやめればいいのに
とりあえずさらすか！
いきなりかよ
いいねwww
ポン

いじめは、
「日常」だ。
誰もが
いじめをし、
近づけばすぐ
巻き込まれる。

だから「その世界の内側」には入らない。
ただ外側から、
ふぃ
見つめているだけだ――。

はじめに

本書は、２０１７年10月に刊行した『ヒトは「いじめ」をやめられない』（小学館新書）のエッセンスを、オリジナルまんがで再構成したものです。

これまで、「いじめを根絶しよう」といった理想は長く語られてきました。また、文部科学省の指導により、学校でもいじめをなくすためのさまざまな方策が講じられています。しかしながら、毎日のようにいじめに苦しみ、自死を選ぶ子どもたちの悲しいニュースは後を絶ちません。

いじめの現状対策に、違和感や矛盾を感じているのは、おそらく私だけではないでしょう。「いじめを許さない学校」をスローガンに掲げつつ、学校や教育委員会では、いじめが自死につながるような重大事故が起こっても、被害者の気持ちに寄り添うどころか、なかなかいじめを認知できません。被害者が自殺という最悪の結末を選んでしまっても、加害者グループは反省するどころか、堂々と学校生活を送り、次のいじめが再び起こってしまう……。みなさんの周囲はどうでしょうか。

近年のいじめでは、ＳＮＳなどのツールによって、極めて簡単に誰かを非難し、攻撃できるようになりました。「そんなツールのない時代はよかった」と思われる方もいるかもしれませんが、むごたらしいいじめやリンチ事件は、こうしたツールが登場する以前にも頻発していました。そしていじめは、子どもの世界に限りません。年齢も性別も、時代も国も問わず、どこにでも存在します。

なぜいじめはなくならないのか――もしかしたら、「いじめを根絶しよう」という目標そのものが、問題解決への道を複雑にさせているのではないでしょうか。

本書は、いじめが起こるメカニズムについて、脳科学的観点から解説します。さらに、人間の生物学的な本質を見つめながら、「子どものいじめ」「大人のいじめ」それぞれについての対応策を考えます。今回、あらためてまんが版を刊行したのは、まんがというツールを通して、より多くの人にいじめの問題について考えてもらうことにあります。

脳の性質やいじめという行動について科学的理解が深まることで、より有効なアプローチを切り出すことができ、ひとりでも多くの人に救いや展望が生まれることを心から願っています。

もくじ

主な登場人物

入来 明里
いりき あかり

総合商社で働く入社3年目の社員。主な業務は営業経理。真面目で正義感が強いが、小学生の頃にいじめられた経験を持つ。

古屋 月子
ふるや つきこ

明里の上司で、営業部の部長を務める。仕事はできるが、はっきり物を言う性格で部下には厳しく、周囲から恐れられている。

真下 直史
ました なおふみ

明里の同僚で、営業部に配属されて2年目の社員。常に一生懸命だが、空気の読めない性格も災いして、仕事の評価は低い。

仲沢 裕樹
なかざわ ひろき

「脳カフェ」のマスター。脳科学の研究者でもあり、日夜“脳によいメニュー”の開発に力を注いでいる。とらえどころのない性格。

野々村 未世
ののむら みよ

「脳カフェ」の従業員。オープンしたばかりのお店にお客さんが全然入らず、強い危機感を抱いている。明るく、物怖じしない性格。

第1章

いじめのメカニズム①

ランチ行こ〜
どこで食べる?
パタン…
っあ〜
古屋《ふるや》先輩もきっついよな…
あの営業成績じゃしょうがないだろ。
雑用ばっかりやってたら、余計数字下がるんじゃない?
かわいそ〜
いや、そのほうがいいんだよ。
あいつ空気読めないから、お客さんの前に出すの不安だもん。

適材適所ってやつ？
そうそう、俺たちのストレス解消にもなるし。
性格わるっ！
ハハハ…
…あ、入来《いりき》さん。
あっ、真下《ました》さん…
この間はありがとうございました！
え！この間…？

X社の見積もり出すの手伝ってくれて！
オレ、この仕事は絶対決めますから！
あ…ああ 別に…… それが仕事だし……
頑張りますんで！
コッ…
じゃあ！
──あら。
あ……

あなたたち、
ずいぶん仲がよさそうね。
ふたりで私の悪口でも言ってたの？
えっ？
いえ…？まさか！
そういえば明里《あかり》、
さっき私たちが真下さんのこと言ってたら、イヤそうだったわよね？
ひょっとしてふたり……
付き合ってたりして？

なに言って…
でも彼はやめといたほうがいいと思うよぉ？
仕事できなさすぎっていうか、
なにやっても、だめっていうか……
っ、
付き合うとか、
そんなわけありません！
はーっ
はーっ
え…？

や…やーね、冗談よ冗談。
なにムキになってんの？
こわっ
あ、
あはは…
す…すみません。
やーねもー
ムキになるの、ちょっとアヤシイけど。
くすくす
でさ／
きゃはは
ていうかさ～
…で、…したら
ど
なんだそれ
でしょーっ
あははは

なんの話
してるん
だろう…
さっきの
…私の話？
ああ、やだな。
せっかく今まで……
目立たないように
気をつけてきたのに……

死ね!
二度と
あんな思いを
しなくてすむように……

努力してきたのに……
はっは
はぁ
ー
ー来さん
入来さん！
どうしたの？
カタ…
あ…
入来さん！
ちょっと！
大丈夫!?
ガタ

だれか救急しゃ…
だい…じょ…
ちょっと…横になれば……
本当にもう平気なの？
はい…。
カタン
ぎくっ

先ほどは失礼しました。
朝からあまり体調がよくなくて……
今日はもうあがって、
病院でみてもらいなさい。
すみません……

原因も病状も自分でわかってる。
前にも同じことやっちゃったから……
脳カ
脳…カフェ?
こんなところにカフェあったかしら?
ガチャ
わ!

あっ、まだ入ると決めたわけじゃ…
マスター、お客さんです！
いらっしゃいませ！
どうぞ中へ！
いらっしゃいませ。
脳カフェ、
記念すべきお客さん第1号です！

第1号って…
実はオープンしたばっかりなんですけど、
お客さんが来ないんです。
くいっ
野々村さん…
いいんだよ、お客さんは少ないくらいで。
混んでたらゆっくりできないだろう
〝少ない〟んじゃなくて、〝ひとりも〟いないんです！
裏路地で看板も目立たないし、
おまけに名前が脳カフェ！
脳カフェ
あやしくて誰も入ってきませんよ。
こちらの方だって、私が強引に引っ張ってきたんですから！
ムリヤリ!?
なに!? お帰りいただいても…
あ…いえ！
せっかくなのでコーヒーを……

あ、
ちょっと不思議な味だけど……
おいしい！
いえーーい！
ぱちんっ
あの…、
ここってどうして脳カフェっていうんですか？
脳にいいコーヒーを出しているからですよ。
脳にいいコーヒー？
もーーっ
そういうウソを平気でつかないでください！
ウソじゃありません。

マスターは脳科学の研究者なんですよ。
ほんとか知りませんが
脳科学の研究者?
脳科学の研究ってどんなことをされているんですか?
そうですね、例えば……
脳のどのような働きが人の行動に結びつくのかを研究したり…でしょうか。
それを知り、脳をうまくコントロールできるようになれば、社会で生きやすくなる——
つまり、マスターは変人で社会で生きにくいから、脳科学を学んだってわけです!
野々村さん……
まあ、否定はしませんが。
しないのね。

人間は、
肉体的には
多くの動物に
劣っています。
前頭前野
しかし、
脳の前頭前野という部分――
「社会脳」を発達させ、
高度な社会的集団をつくり、
協力的行動をとって、
生存競争を生き抜いて
きたんです。
協力的行動……
ですか。
カチャ

それならなぜ、
いじめとかあるんでしょうね。
協力どころか自分の気に入らない人を排除して、
楽しんでる人たちがたくさんいる……
そうですね、
一言でいえば……

「いじめがやめられないほど楽しい」からですよ。
なっ……！
いじめという、社会的排除や制裁行動がなくならないのは、
いじめることに「快感」を得られるように進化してきたからです。

人間が生存率を高めるために、進化の過程で身につけた「機能」なのです。
そのことを認めて対策をとらない限り、
世の中からいじめが、
なくなることはありません。

進化の過程で身につけた「いじめ」という社会的排除

ヒトの武器は「集団」

なぜいじめは起こるのでしょうか？　なぜ人は人をいじめてしまうのでしょうか？
実は、脳科学をはじめとした複数の学問領域によって、**いじめに代表される社会的排除行為が、ヒトの種としての存続を有利にしてきた**ことが示唆されています。

考えてみてください。ヒトの肉体は、他の動物と比べて非常に脆弱です。
ライオンやトラのような猛獣と戦っても勝てる人はほとんどいませんし、逃げ足も遅く、容易に捕まって餌になってしまいます。そんな弱者であるヒトが、これまで生存するための武器として使っていたものはなんでしょうか？

それは、「集団をつくること」です。

多くの動物が、生存戦略として群れをつくって行動していますが、ヒトの場合は、この**「集団」において「高度な社会性」を築いたことが種として発展する根源にあった**と考えられます。

前頭前野――「社会脳」の発達

ここで、人類の進化について考えてみましょう。

現在生き残っているヒト属は、現生人類のホモ・サピエンスのみです。ホモ・ネアンデルターレンシスも、ホモ・ハビリスも、種としては生き延びることができませんでした。

彼らの頭蓋骨と現生人類の頭蓋骨を比べたとき、もっとも違う場所は前頭葉の大きさです。脳全体の大きさは、ホモ・ネアンデルターレンシスのほうが若干大きいのですが、前頭葉はホモ・サピエンスのほうが大きく、**特に前頭葉の前側の領域、前頭前野（前頭前皮質）といわれる部分が、大きく発達している**のです。

前頭前野は、思考・共感・創造・計画・行動・意思・自制など込み入った社会行動に必要な機能を司っている領域で、「社会脳」と呼ばれることがあります。私たちが他の動物と異なり、「人間らしい社会的活動」ができるのは、この領域の働きによるものなのです。

戦闘的には圧倒的に不利な肉体を持つ現生人類にとって、**この社会脳の働きが、種として生き残るために非常に重要な意味を持っていた**と考えられます。つまり社会脳とは、集団での協力行動を促進する機能という形で発達してきた脳機能領域であることが示唆されるわけです。

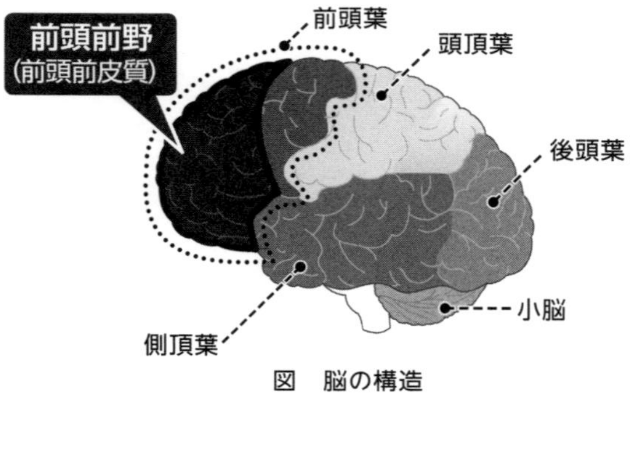

図　脳の構造

いじめは必要な「機能」？

そのように進化してきたヒトの世界で、昔も今もなくならないのが「いじめ」です。みなさんもご承知の通り、いじめは子どもの世界だけの話ではありません。企業やママ友グループ、地域コミュニティ、ネットコミュニティなど、年齢も場所も時代も問わず、集団があればどこでも存在しうる現象です。

近年、こうした人間集団における不可解な行動を、科学の視点で解き明かそうとする研究が世界中で進められています。そのなかでわかってきたことは、実は**いじめなどの社会的排除は、ヒトが生存率を高めるために、進化の過程——つまり社会脳の発達により身につけた「機能」なのではないか**ということです。

本気でいじめを防止しようと考えるのであれば、「いじめがやまないのは、そこになにかしらの必要性や快感を感じてしまう脳の仕組みがあるのではないか」という、考えたくもない可能性を吟味してみる必要があります。

次章より、脳の性質といじめが発生するメカニズムについて、より具体的に見ていきましょう。

C O L U M N

2011年、滋賀県の大津市で、中学２年生の男子がいじめを苦に自殺しました。「大津市中２いじめ自殺事件」です。

当時、少年が受けたいじめは、身体をしばられ口に粘着テープを貼られる、集団リンチまがいの暴行を受けるなどの暴力被害や、金銭要求、万引きの強要をはじめ、言葉では到底言い表わせないほど執拗かつ陰惨なものでした。少年は先生に相談したものの、学校はいじめとは認識せず、適切な対応をとらなかった結果、自殺という最悪の事態を迎えたのです。しかし、事件が発覚した後も、学校と市の教育委員会は“教育的配慮”から加害者の生徒への聞き取り調査は実施せず、学校内の調査自体も３週間という短期間で打ち切られました。こうした対応が問題視され、大きく報道されることになったのです。

この事件を契機に、2013年に「いじめ防止対策推進法」が施行されました。法律としていじめが定義づけられ、国、地方自治体、学校、教員、保護者それぞれが、いじめ防止に責任を負うことが初めて明文化されたのです。

いじめ事件から法律の制定へ

第2章

いじめのメカニズム②

脳カフェ
いじめは、
人間が生存率を高めるために身につけた必要な「機能」なのです。
いじめが、必要な機能？
そんな……

では、ここでふたりに質問です！
え！
わたしも!?
種を残すために社会的集団をつくり、協力的行動をとってきたヒトにとって、最大の脅威はなんだと思いますか？
最大の脅威…ですか？
あっ はい！
シュバッ
そんなの敵に決まってるじゃないですか！
敵？どんな？
えーと…
昔だったら、ヤリを持って襲ってくる別の部族とか……
あとマンモスとか？

はい、不正解です。
スンッ
あっさり！
そういう「敵」は確かに危険ですが、
実は共同体を強くしてくれる存在でもあるんです。
お互いに協力して自分たちの集団を守ろうという機能が高まり、かえって結束力が強まるので……
これは多くの心理実験でも証明されています。
なるほど……
なんか納得いかないんですけど！
はっ

じゃあ、最大の脅威って……外の敵ではなくて中の…？
その通り！
内部から集団そのものを破壊してしまう「フリーライダー」こそが、
最大の脅威です。
フリーライダー？
直訳すれば「タダ乗りをする人」、要は「協力行動をとらない・邪魔をする人」「ズルをする人」のことです。

集団を維持することは大変です。
お互いに労働や時間、モノやお金、情報といった「リソース＝資源」を出し合わなければなりません。
だから集団において「必要とされる人」とは、それができる人――
つまり、みんなのために力を尽くせる人です。
でも、みんなが平等にリソースを出し合っているのに、
いただき～っ
ひょいっ
自分は協力せずにタダ乗りして利益を得ようとする人――つまり、「フリーライダー」がいたらどうでしょうか？
ずるいって思う！
そうです。

フリーライダーを野放しにしておくと、自分が損をしていると多くの人が考えるようになり、
やがて自身もリソースを出さなくなります。
なんでオレらがアイツの分まで!
オレらも働くのやめよーぜっ
つまり集団そのものが、機能しなくなるんです。
だから社会的集団にとって、最大の脅威なんですね……
はい。

集団を壊すリスクを回避するには、フリーライダーを排除する必要があります。
そのため、フリーライダーになりそうな人物を見つけた場合には、
制裁行動を起こして排除しようとする機能が脳に備えつけられたのです。
完全に排除できれば、集団の協力関係は揺らぐことなく、
お互いに利得を高め、生存できる可能性も高くなりますからね。
制裁行動って……
こわっ

ちなみに学術用語では、タダ乗りしかねない人を見抜く機能を「裏切り者検出モジュール」、
制裁行動を「サンクション」といいます。
出ていけー!!
裏切り者ってずいぶんフランクな……
それ、ホントに学術用語なんです？
適当言ってません？
マスターって、本当に脳科学の研究者なんですか？
私は見ての通り、カフェのマスターですよ。
つまり嘘だってことですね！
もーーーっ！
脳に備えつけられた機能……

だから……
人間にとって、いじめが必要だってことなんですか？
集団にとって、邪魔な人を制裁して排除して、
人間が生存率を高めてきたと……
ぎゅっ
結局、いじめられる人がずるいフリーライダーなんですか？
そんなのおかしい！

当たり前です。
あっさり
いじめられる人が悪いわけないじゃないですか。
えっ？
だったら、誰もいじめを問題にしないでしょう。
じゃあ、どういう…
…ことなんです？
そうですね、サンクション——つまり制裁行動は、
集団になればほぼ必ず生じます。
そもそもは、「仲間を守ろう」「集団を維持しよう」といった、「向《こう》社会性」の表われだからです。
みんなで
がんばろ!!

「向社会性」？
「反社会性」の反対……と言ったら、わかりやすいでしょうか。
つまり、社会のためになにかしよう、他人のために役立とうとする性質のことで、
人間にとってなくてはならないものです。
しかし、この向社会性が高まりすぎると起こりやすい、
危険な現象がふたつあります。

ひとつは、排外感情の高まりです。
出ていけ!!!
自分たちとは違う人々に対する敵対心、
あるいは彼らを不当に低く評価する気持ちです。
最近よく耳にするヘイトスピーチなどがそうですね。
もうひとつは、「排除しなければ」という感情に伴う行動……
つまり、
サンクションが発動すべきでないときにも発動してしまう現象です。

例えば、ルールを破ろうとしてるのではなく、ルールを知らなかっただけの人や、
体が小さかったり、おとなしかったりするだけで、みんなの役に立たなそうに見えてしまう人……
あるいは、ちょっと生意気だったり、
みんなの常識と違った格好をしていたり、
空気を読めなかったりといった、
その集団が持つ〝スタンダード〟と少し違う人……

そういった対象に向けて、制裁感情が発動してしまうことがあります。
これを、「過剰な制裁（オーバーサンクション）」といいます。
これは、会社や学校といった組織で普通に起こりうることです。
過剰な制裁……

そして これこそが、
「いじめ」が 発生してしまう根源にある メカニズムなのです。
…じゃあ どうしたら、
それを なくすことが できるんですか?
さあ… それは僕には わかりません。
えーーっ
なんて 無責任!!
きゅっ

ただ、少なくとも「いじめをやめよう」とみんなに呼びかけるだけでは、なくならないでしょうね。
昔も今もなくなってませんから。
そんな…っ!
最初の話に戻りますが、
そうしたいじめのメカニズムは、人間の脳に組み込まれた「機能」です。
これを認めないと話がはじまらない。
現状を正しく理解しなければ、対策はとれません。

…コーヒー、ご馳走様でした……
カタン
そろそろ帰ります。
あ、はい！
ありがとうございました！
ガチャ
……
…落ち込んでましたね、彼女。
最初のお客さん……
もう来てくれないかも……
マスターのせいですよ。
えっ！

だから、研究者って信用ならないんですよね。
いや、私はカフェのマスターですから。
脳カフェ
んもーっ
もっと信用できない！

「向社会性」の高まりが、逆に「いじめ」を引き起こす

本当の脅威は「フリーライダー」

ヒトは、集団をつくり、高度な社会性を築くことで種として発展してきました。では、ヒトにとってもっとも脅威となるものはなんでしょうか?

集団を脅かす「敵」や「他の集団」は、危険な存在であると同時に共同体を強くしてくれる存在でもあります。なぜなら、敵がいることでお互いに協力して共同体を守ろうという機能が高まるため、かえって結束力が高まるからです。

実は、**社会的集団にとって本当の脅威は、内部から集団そのものを破壊してしまう**

「フリーライダー」の存在です。フリーライダーとは、直訳すれば「タダ乗りをする人」、要するに「協力行動をとらない人」「ズルをする人」などのことです。

フリーライダーを見抜き、排除する

集団を維持するためには、お互いに労働や時間、物、お金、情報といった「リソース＝資源」を出し合う必要があります。しかし、みんなが平等にリソースを出し合っているのに、自分は協力せずに、みんなが出したリソースにタダ乗りをして利益を得ようとする人、つまり「フリーライダー」がいたらどうなるでしょうか？

おそらく多くの人が「自分が損をしている」と考えるようになり、リソースを出さなくなります。結果、集団が機能しなくなり、やがては崩壊してしまうのです。

そこで、**集団を壊すリスクを回避するために、タダ乗りしかねない人を排除する**必要が出てきます。排除行為を行うには、労力がかかり、リベンジ（仕返し）される危険性もありますが、それでも集団が生き残るためには必要でした。そのため、共同体にとって邪魔になりそうな人物を見つけた場合には、リスクを恐れず制裁行動を起こ

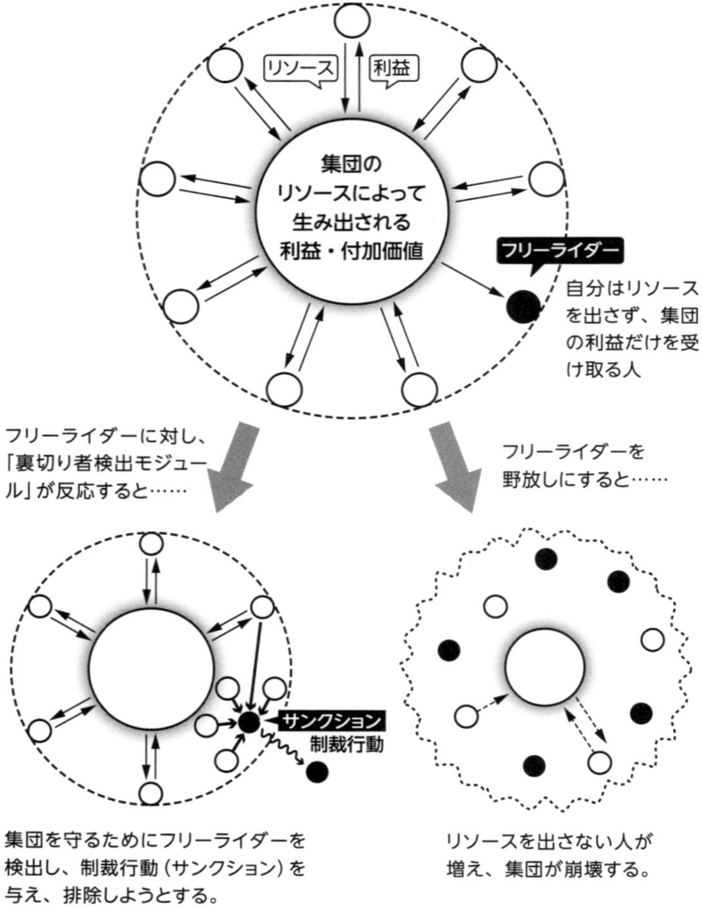

図　サンクションが起こる仕組み

して排除しようとする機能が脳に備えつけられた、と考えられています。

学術用語では、この**タダ乗りしかねない人を見抜く機能**を**「裏切り者検出モジュール」**、そして**制裁行動を「サンクション」**といいます。

「向社会性」と「過剰な制裁(=オーバーサンクション)」

「サンクション=制裁行動」は、集団になればほぼ必ず生じます。そもそもは、「仲間を守ろう」「社会性を保持しよう」という、集団を維持するための「向社会性」の表われだからです。

「向社会性」とは、反社会性の反対の意味であり、社会のためになにかをしよう、他人のために役立とうと行動する性質のことですから、それ自体は悪いものではなく、私たち人間にとってなくてはならないものです。しかし、この**向社会性が高まりすぎると、同時にその反動として、危険な現象が表出する**ことがあります。

ひとつは、排外感情の高まりです。自分たちとは違う人々に対する敵対心、あるいは不当に低く評価する気持ちです。これは、ヘイトスピーチや、移民を排除しようといった思想など、最近の社会現象として問題にもなっています。

もうひとつは、「排除しなければ」という感情に伴う行動、つまり**サンクションが、発動すべきでないときにも発動してしまう**という現象です。

例えば、ルールを破ろうとしているのではなく、ルールを知らなかっただけの人や、体が小さいがためにみんなの役に立たなそうに見えてしまう人、さらにはちょっとだけ生意気だったり、みんなの常識と違う格好をしているなど、多くの人が「スタンダード」と認識していることから少し異なるという人――こういった対象に向けて、制裁感情が発動してしまうことがあります。

これを、**「過剰な制裁（オーバーサンクション）」**といいます。

こうした現象は、もちろん学校内や会社といった組織でも起こりうることです。そしてこれこそが、「いじめ」が発生してしまう根源にあるメカニズムなのです。

第3章

いじめにかかわる脳内物質①
――セロトニン

おはよー
おはよ
明里ちゃん、おはよー！
奈緒《なお》ちゃん、おはよう！
英理《えり》ちゃん、おはよう！
…おはよう。
英理ちゃんって暗いよね…
そう？話してみると面白いよ。

あれ、油性マジックじゃない？
なにあれ……机に悪口!?
わたし犯人知ってるよ。
やったの、たぶん千尋《ちひろ》ちゃんのグループだよ。
昨日の放課後残ってて、みんなで英理ちゃんの悪口言ってるの、聞いちゃったもん。
タッ
!!
明里ちゃん？
ダンッ
こんなひどいことしたの、誰!?

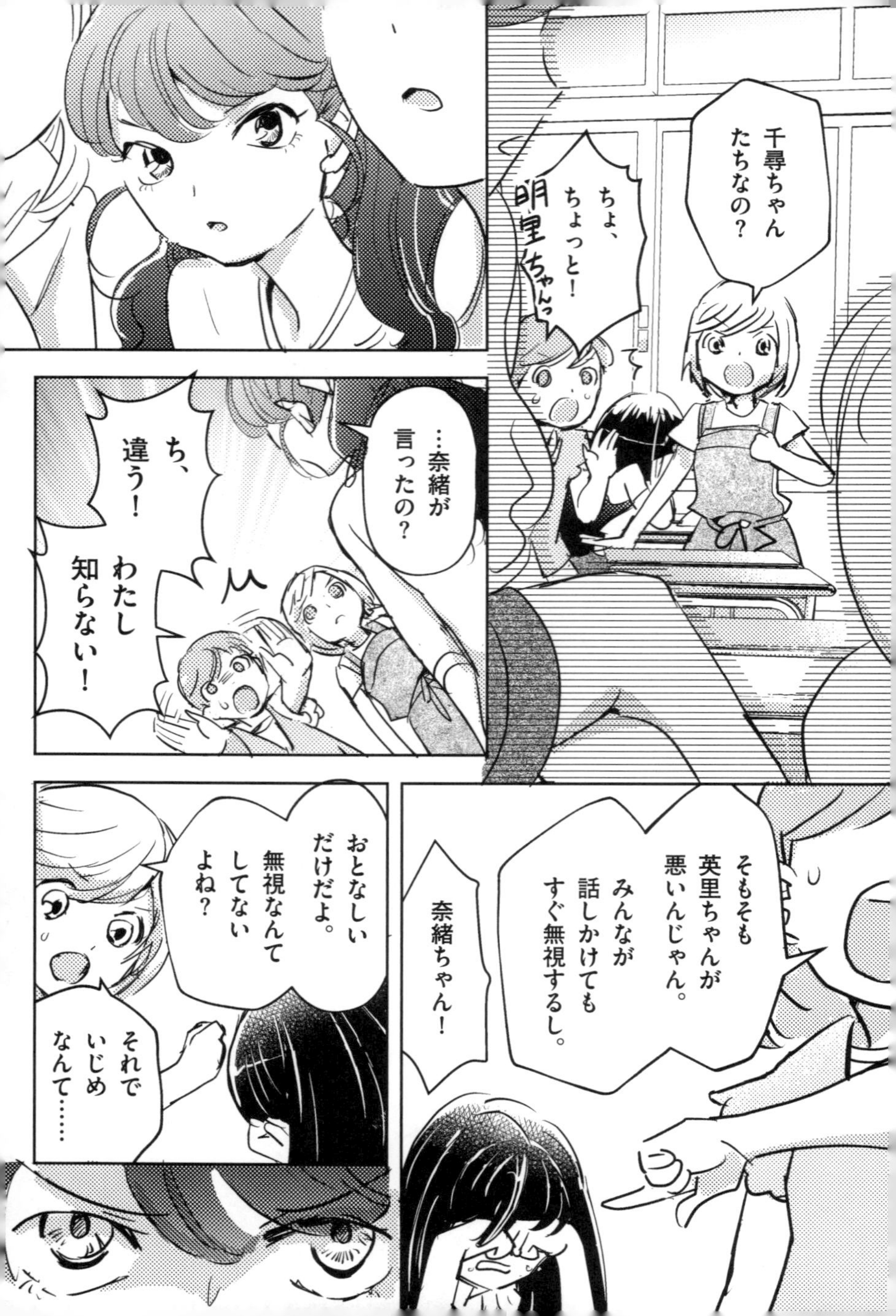
千尋ちゃんたちなの？
ちょ、ちょっと！
明里ちゃんっ
…奈緒が言ったの？
ち、違う！わたし知らない！
そもそも英里ちゃんが悪いんじゃん。みんなが話しかけてもすぐ無視するし。
奈緒ちゃん！
おとなしいだけだよ。無視なんてしてないよね？
それでいじめなんて……

明里は、
わたしが書いたところ見たの？
見てもないのに犯人扱いするほうが、
いじめだと思うけど！
それは……
コラーーッ
なに騒いでんだ！
ガラッ
先生だ！
明里って最悪……
ぼそ

はよーっ
おはよ、
ははは。
ブス!!
おはよー!
ガラッ
ギくっ
奈緒ちゃん
おはよ……
すっ
千尋ちゃん
おはよーっ!
おはよーっ

自業自得よね。

下書き
送信
処理済み
重要
参考資料
請求関係
D社お問合せ
ゴミ箱
件名:遅刻届　入来明里
まだ体調が優れないため
様子を見て出勤いたします。
体調管理を怠ったばかりに
ご迷惑をおかけすることとなり、
誠に申し訳ございません。
上記につきまして、
入来さん、大丈夫ですかね？
さあ……
何回言ったらわかるんだ！
またやってますね。
人をイライラさせる才能があるのよ。
くすくす
ほんとに…。

11時か……
もう休んじゃおうかな。
あ……!
会社や学校といった組織で普通に起こりうること……
そしてこれこそが――
世の中からいじめがなくなることはありません。
セロトニン……
ランチ？
脳カフェ
オススメ！
セロトニンランチ
15:00

そういえば昨日の夜からなにも食べてない・・・
キィ
いらっしゃいま……
あーっ！
第1号さん！
よかった、また来てくれたーー！
いらっしゃいーっ！
えっ！
1号とはー!?

あの、表のボード見て……ランチお願いできますか?
あ、はい!
マスター!ランチ入ります!
ランチも記念すべき第1号ですよ!!
すわってすわってすわって!
まだお客さんひとりも来ていないんですね。
おいしい!
やったあぁ

うちのランチのウリは、なんといっても「セロトニン」メニューなんですよ。
セロトニン？
あ、そういえばボードにも……
カフェ
オススメ
セロトニンランチ
セロトニンは、脳内物質のひとつで、俗に「安心ホルモン」とも呼ばれています。
これが多く分泌されていると、リラックスしたり、満ち足りた気持ちになれるんですよ。
逆に少ないと、不安を感じやすくなるといわれています。
セロトニンは、脳内でトリプトファンと呼ばれるアミノ酸からつくられますが、これは食品から摂取する必要があるんです。
へー…

ということは、このランチはセロトニンを増やす献立ってことですか？
ええ
そうです。
トリプトファンを多く含む食品としては、玄米や豆、卵、乳製品……
このオムレツとか、いろんな豆が入っててすごくおいしい！
ニンニク、生姜、ゴマ、魚肉、バナナ、チョコレート……
…わりといろんな食材に…。
まあ、結局おいしくバランスよくなんでも食べるのが一番ということです。
ざっくり
マスターー！
あはは！
適当すぎますよホント！
もーっ

セロトニンランチ、今の私にはぴったりかも……
おかげで不安がやわらいだ気がします。
実は私……
子どもの頃いじめられていたんです。
昨日、当時のことを夢で思い出しちゃって、
朝からどうにも落ち込んでしまって…。
第1号さんは、
「セロトニントランスポーター」が少ないのかもしれませんね。
セロトニントランスポーター?
はい。
って…?

はいっ
マスター、なんですかそれ？
説明を求めます！
ええ…、
順を追って説明しましょう。
昨日、お話ししましたが、
集団社会では、向社会性の高まりと同時に、逸脱者を集団から排除しようとする「オーバーサンクション」が起こる可能性が高くなり、
「いじめ」につながります。
逸脱者を見つける＝検知するプロセスを、「裏切り者検出モジュール」と呼んでいるわけですが――
このモジュールの強弱は、人によって違いがあり、

日本人は、他の国の人よりも強い傾向にあることがわかっています。
え!?
日本人!?
つまり日本は、他の国より逸脱者を見つけがちな国民性があり、
オーバーサンクション——つまりいじめも発生しやすいと考えられます。
カチ
ガーーッ
わっ！スクリーンが…
カフェっぽい！
やったねマスター！

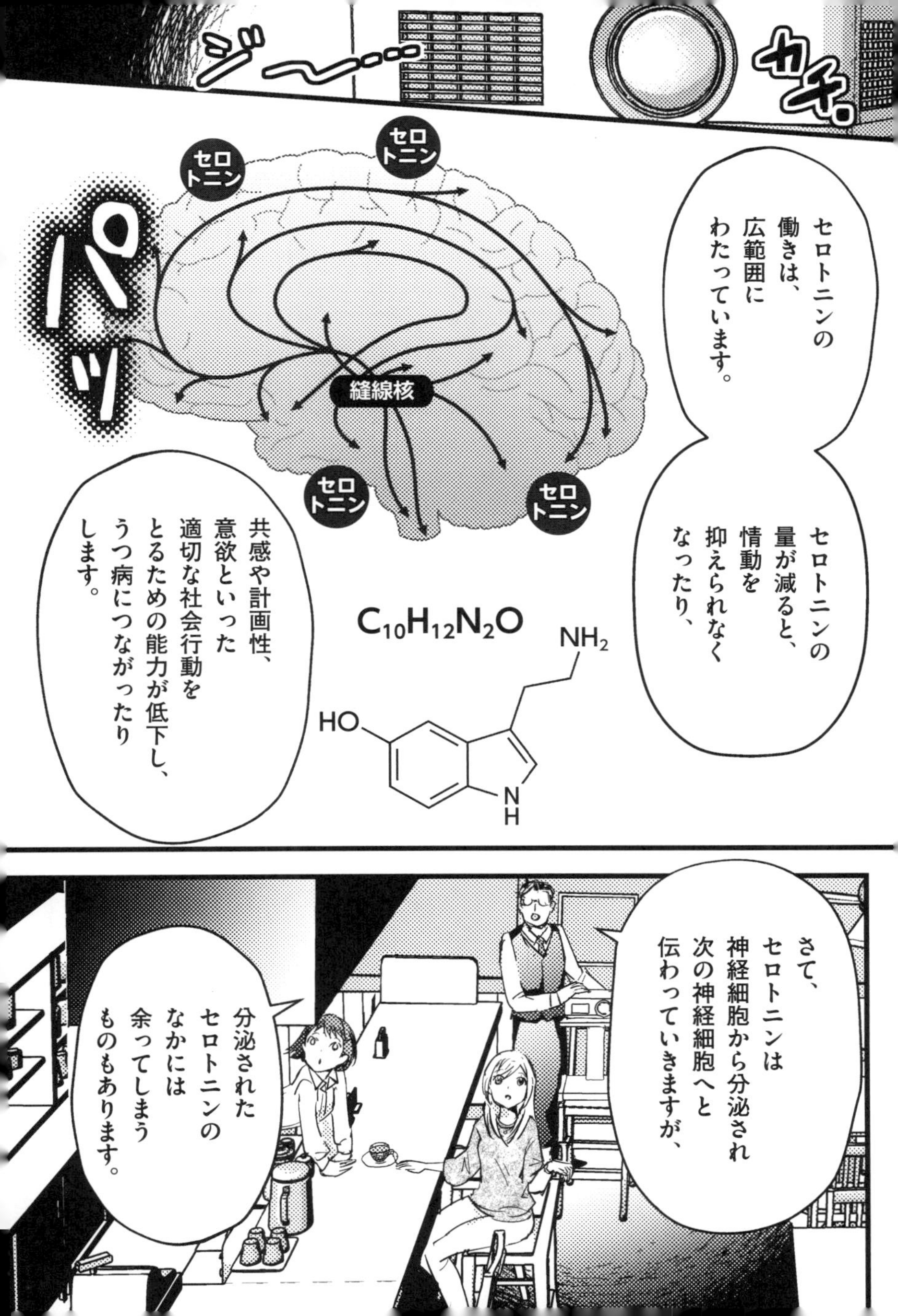
カチ。
ジ〜〜…
パッ
セロトニン
セロトニン
縫線核
セロトニン
セロトニン
セロトニンの働きは、広範囲にわたっています。
セロトニンの量が減ると、情動を抑えられなくなったり、
共感や計画性、意欲といった適切な社会行動をとるための能力が低下し、うつ病につながったりします。
$C_{10}H_{12}N_2O$
NH_2
HO
N
H
さて、セロトニンは神経細胞から分泌され次の神経細胞へと伝わっていきますが、
分泌されたセロトニンのなかには余ってしまうものもあります。

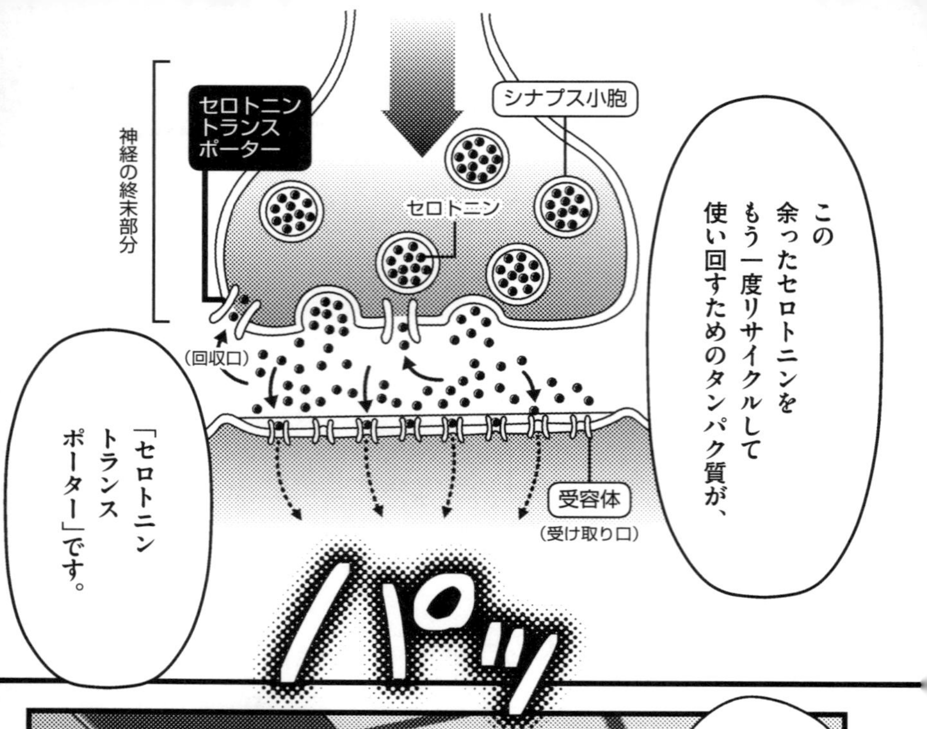
この余ったセロトニンをもう一度リサイクルして使い回すためのタンパク質が、
「セロトニントランスポーター」です。
神経の終末部分
セロトニントランスポーター
シナプス小胞
セロトニン
（回収口）
受容体
（受け取り口）
パッ

「セロトニントランスポーター」が多い人は、セロトニンをたくさん使い回すことができるので、
リスクをあまり気にせず、楽観的な振る舞いをする人になります。
逆に少ない人は、不安傾向が強く、いろいろなリスクを想定して慎重になります。

楽観的
普通
不安傾向
LL型
SL型
SS型
多
少
セロトニントランスポーター
「セロトニントランスポーター」には、
多くつくろうとするL型の遺伝子と、少なくつくろうとするS型の遺伝子があり、
パッ
これらの組み合わせで、その人の持っているセロトニントランスポーターの量が決まります。
このS型遺伝子の割合について、世界29か国で調査した結果、
日本はS型遺伝子がもっとも多く、80％を超えていました。
カチ
フッ…

パチン
ほぉ――。
不安傾向、確かに……！
私はSS型でセロトニントランスポーターが少ないのかも……
私もきっとSS型だ～
心配性だし～
野々村さんはLL型だと思います。
日本人は、先々のリスクを回避しようとする「慎重な人・心配性な人」が多く、
さらに、他人の意見に合わせて「空気を読む人」が多い傾向があります。

つまり日本人は、
「この人は将来的な不安の種になるかもしれない」ということを検出する能力――
「裏切り者検出モジュール」の強度が高いのです。
ノドかわいたねー
ねえ、カフェだって！

「裏切り者検出モジュール」を左右する「セロトニン」

将来的なリスクを感知する能力

集団社会では、向社会性の高まりと同時に、集団を守るための「オーバーサンクション」が起こる可能性が高くなり、それが「いじめ」の発生につながりやすくなります。そして**オーバーサンクションが起こるときには、その前段階として、「この人は将来的にズルをするかもしれない」など逸脱者を見つける（検知する）プロセスが必要**になります。この検知する脳のプロセスを「裏切り者検出モジュール」と呼んでいます。

とても嫌な呼び方ですが、集団内における将来的なリスクを感知する能力のことです。

「セロトニン＝安心ホルモン」の影響

裏切り者検出モジュールの強弱は人によって違いがあり、日本人の場合、他の国の人よりも強い傾向にあることがわかっています。国によってこうした傾向の違いが生じるのは、「セロトニン」という脳内物質がかかわっていると考えられます。

セロトニンは、「安心ホルモン」とも呼ばれ、**多く分泌されているとリラックスした満ち足りた気持ちになり、逆に少ないと不安を感じやすくなる**とされています。体内にあるセロトニンの大部分は消化管や血液中にあり、それらは腸の活動を促進したり、血液や血管の働きを調整したりしています。

一方、脳内でのセロトニンは、脳やせき髄などの中枢神経で神経伝達物質として作用します。その働きは、視床、線条体、海馬・扁桃体など、広範囲にわたり、生体リズム、呼吸や睡眠、体温の調節、運動機能などに作用しています。

さらに、**セロトニンの量が減ると前頭前野の働きが悪くなる**ため、情動を抑えられなくなるほか、共感、計画性、意欲といった、適切な社会活動をとるための能力が低下します。そのため、社会性が低下したり、理性を保てず衝動的な行動が多くなることもあります。セロトニンの低下がうつ病につながったり、セロトニンを増やす作用を持つ抗うつ剤が、うつ病や不安障害の治療に使われるのもこのためです。

「慎重な人」「空気を読む人」が多い日本人

セロトニンは神経細胞から分泌され、次の神経細胞の受容体に結合してシグナルが伝わっていきますが、分泌されたセロトニンのなかには余ってしまうものもあります。神経細胞のなかには、この**余ったセロトニンをもう一度リサイクルして使いまわすためのたんぱく質があり、これを「セロトニントランスポーター」**といいます。

セロトニントランスポーターの量は遺伝的に決まっており、人によって違います。多い人は、セロトニンをたくさん使いまわすことができますから、多少のリスクがあってもあまり気にせず、楽観的で大らかな振る舞いをする傾向があります。逆に**少ない人は、不安傾向が強く、いろいろなリスクを想定して慎重になる人も多い**ようです。

このセロトニントランスポーターには、多くつくろうとするL型の遺伝子と、少なくつくろうとするS型の遺伝子があります。これらの組み合わせで、その人の持つセロトニントランスポーターの量が決まります。人間には遺伝子が2セットありますから、セロトニントランスポーターのタイプは、LL型、SL型、SS型と3種類に分類されます。

このセロトニントランスポーターを少なくつくろうとするS型の遺伝子について、世界29か国でどのくらいの割合分布になるかを調査したデータがあります。その結果、日本人はS型遺伝子を持つ人の割合がもっとも多く、唯一80%を超えていました。例えばアメリカの場合ですと、S型の割合は43%、残りはL型でした。

この調査結果から、日本人は先々のリスクを予想し、回避しようと準備する「慎重な人・心配性な人」、さらに、他人の意見や集団の空気に合わせて行動しようとする「空気を読む人」が多くなる傾向があると考えられます。

「心配性である＝リスクを考える」ということは、つまり裏切り者検出モジュールが高く、「この人は将来的な不安の種になるかもしれない」ということを検出する能力が高くなるということです。そしてこれが高すぎると、実際にはフリーライダーにならない人まで排除しやすくなってしまうのです。

生物の進化において、ある特定の遺伝子が広まっていく速度＝適応度は、数理社会学では、一世代で1％の変化が起こると仮定するのが一般的です。アメリカと日本で、セロトニントランスポーターS型に注目すると、ほぼ40％違いますから、最短で何世代でこの差ができてしまうのかを計算すると、20世代で達成できてしまうことになります。

一世代20年とすれば、20世代で400年です。今から400年前の日本は、ちょうど江戸時代の初期。社会情勢が安定し、それほど外敵のことを考える必要もなく、農耕中心で順応主義が促進された時代でした。さらに、江戸時代には安政の大地震をはじめ、大きな災害もたくさんありました。こうした時代には、みんなと協力し、リスクに対して慎重な人のほうが生きやすい国だったといえるでしょう。

生き残る戦略は、環境条件が異なると変わります。農耕中心の平和な江戸時代が長く続いたからこそ、日本人にとって生存するための適応戦略は慎重型となり、セロトニントランスポーターS型の比率もこれだけ突出したのかもしれません。

日本人の特性は江戸時代の影響？

第4章

いじめにかかわる脳内物質②
――オキシトシン

日本では「裏切り者検出モジュール」の強度の高い人が多く、
それがいじめにつながっているのです。
なんか日本って、
嫌な国ですね……
そんなことはないですよ。
日本人はそれだけ「向社会性」が高く、集団で協力し合う国民性でもあるということです。
震災のときも暴動が起きず、秩序が保たれていたことは他の国から驚かれましたよね？
そういえば…！

協力し合う国民性と、いじめに発展しやすい国民性というのは、表裏一体です。
どこの国だって、いいことも悪いこともありますよ。
ガチャ
ばっ
え……
お休みかしら…？
あら？
!!いえいえ！

やってます、やってます!
いらっしゃいませー!!
こちらどうぞーっ
よかったですね!
これでお客さんが4倍です。
マスター、コーヒーとアイスカフェラテ、オレンジジュース!
ですっ!
はーい!
それでさー
続きなんだけど……

あのお宅、また夜中にケンカしてたのよ〜
聞いた聞いた！ヒステリックな怒鳴り声！
もー、勘弁してほしいわよね。
聞こえてくるのは、いつもお母さんの声よね！
は〜っ
こわいこわい……
あれじゃあ、子どもにも絶対悪影響が出るわよ！
ね〜っ
かわいそうよね〜
クスクス

なんか嫌だな…。
うーん……
悪口花盛り！って感じですねー。
ほんとにねー
くすくす
う…
ふぇぇん
あっ！
あらら…
どうしたの、さっちゃん…？
ほぎゃあ
ほぎゃ
静かにおねんねできてたのに。
もう、すみません。
あらあら——
あ〜

いいの、いいの、気にしないで！
今が一番手がかかるけど、かわいいのよねー！
おーよちよち

さっきと全然違う…！
誰に対してもあんなふうにやさしくなれればいいのに。
どちらも、
コト…
「オキシトシン」という脳内物質の影響ですよ。
子どもに愛情を注ぐのも、
ママ友同士でいない人の悪口を言うことも。
え？オキシトシン？
どういうことですか？
はい、こちら持っていって…！

オキシトシンは、「愛情ホルモン」とも呼ばれるもので、
特に分娩時や授乳時に多く分泌されるホルモンです。
女性特有のホルモンなんですか？
いえ、女性のほうが多いですが、男性にも分泌されるホルモンですね。
例えば男女を問わず、
スキンシップをとったり、名前を呼び合ったり、目を見て話す、といった行為をしても、
オキシトシンが分泌されます。
へー！

愛する人や仲間と一緒にいることで、幸福感を感じたり、仲間意識を強めたりするのは、オキシトシンによる効果です。
すごい！だから愛情ホルモン！
分娩時や授乳時に多く分泌されるのも、子どもに愛情を注ぐようにするためですね。
はい。
それに加え、出産・育児のときは、他者からの攻撃に対して、自分や子どもを守ることができませんよね？
そのため、オキシトシンが分泌されることで仲間をつくり、
自分の子どもを守ろうとしているのです。

なるほど……
しかし一方で、
オキシトシンが仲間意識を高めすぎてしまうと、「排外感情」も同時に高めてしまうことがわかっています。
そのため自ら集団をつくりつつ、
自分の子育てに不利益を与えそうな人に対しては、
集団の力で排除してもらおうと動いてしまうようになるのです。

はあ〜〜
どこにいってもいじめにつながる…！
なーんか、マスターの言い方だと、
女性のほうがいじめ体質みたいに聞こえて、気分が悪いんですけどっ！
いえ、とんでもない！
どどん
安心してください、男性だって負けず劣らずいじめ体質です！
そんな安心したくない！
ぐっ
ただ、男性のグループは、
女性と違って、「派閥」をつくるなどヒエラルキーを前提としていることが多いです。

男性に多く分泌する脳内物質に、「テストステロン」があります。
$C_{19}H_{28}O_2$
CH_3
OH
CH_3
O
テストステロンは、支配欲と攻撃性を高めます。
かつて男性は、所属する社会において支配的であるほうが、
自分や家族、自分の集団を守るために、安全だったからでしょう。
なるほど…！
そして筋力が強い男性の「制裁行動」は、過激化しやすいのも特徴です。

だから男性グループでのいじめは力による「パワハラ」、
女性グループによるいじめは「村八分」となりやすいのかもしれません。
――さん家《ち》、お兄ちゃんが同級生じゃなかった？
そうなの、だいぶいじめられてるらしいわよ。

この前、歯を抜かれてたって……
まー！こわっ!!
大丈夫なの？
ひゃーっ
悪い子がいるんだって！
ウチの子は怖いから、かかわらないようにしてるって言ってたわ。
男の子って、加減をしらないから怖いわよね。
先生も頼りにならないし……
ホントよね、かわいそう〜
もう、引っ越しちゃえばいいのに！

そしたら
夜中も
静かに
なるって？
あはは
ひどーい！
もう一本
歯ぁ……
抜いて
やろうか？
ちっ
しけてん
なあ。
ちょっと
よっちゃん、
さすがに
やばいって！
ひひっ
平気っしょ、
歯なんて
いっぱい
あんだから……

…お願いで……
許して…くださ……
あ?だったらわかってんよな、
てめえん家《ち》金持ちなんだろーが!
さっさと金持ってこいや、
古屋ぁ!

古屋さん、もう終わったんですか？
ええ。
さすがですね！
今日は定時で帰れるんじゃないですか？
そうね、たまには早く帰ろうかしら。
そうですよ、古屋さん働きすぎですって！
あとやっときますから、もうあがってください！
…そうね、
ありがとう。

たまにはあの子に、
手料理でもつくろう…！

仲間をつくる「オキシトシン」が、同時に仲間を排除する

オキシトシン＝愛情ホルモン

いじめにかかわる脳内物質（ホルモン）のひとつに、「オキシトシン」があります。オキシトシンは、その性質から「愛情ホルモン」とも呼ばれ、脳に愛情を感じさせたり、親近感を感じさせたりする、いわば人間関係をつくるホルモンです。

例えば、普段はとても無愛想な男性が、溺愛するわが子と接するときには、猫なで声になり、ニコニコしてしまうことがあります。これは、**わが子と触れ合うことで脳内にオキシトシンが合成され、無意識に愛情深い気持ちになっている**のです。

仲間意識と同時に「妬み」「排外感情」も高めてしまう

オキシトシンは、脳や脊髄などの中枢神経では神経伝達物質として働き、その先の末梢組織では筋肉のストレスを緩和することで収縮を助ける働きを持っています。

オキシトシンによる筋肉収縮の作用がもっとも顕著になるのは、分娩時や授乳時です。子宮収縮が起こりやすくなったり、乳腺を収縮させて母乳の分泌を促したりします。そのため、医療現場では、子宮収縮薬や陣痛促進剤など、さまざまな場面でオキシトシンの特性を利用した薬剤が使用されています。

しかしながら、**オキシトシンは女性特有のホルモンではなく、男性にも普遍的に分泌されるホルモンです。例えば、男女を問わず、スキンシップをとったり、名前を呼び合ったり、目を見て話すといった行為をすると、オキシトシンが分泌されることがわかっています。それにより、**相手への親近感や信頼感、安心感が生まれ、心理的、精神的なストレスも緩和**されます。愛する人や仲間と一緒にいることで大きな幸福感を感じたり、誰かと握手をしたり、肩を組んだり、目を見て話したりすることで仲間意識を感じたりするのは、オキシトシンによる効果なのです。

このように、オキシトシンは、愛情や絆、仲間意識をつくるホルモンであり、共同社会づくりに欠かせない側面がある一方で、オキシトシンが仲間意識を高めすぎてしまうと、「妬み」や「排外感情」も同時に高めてしまうという、負の側面を持った物質であることもわかっています。

別の言い方をすれば、オキシトシン自体はよいものでも悪いものでもなく、仲間をつくるために必要だから分泌されるのです。**「仲間を大切にしよう」という気持ちと、そのために「よい仲間をつくろう」「よい仲間を選別しよう」という気持ちは表裏一体**であり、後者が強くなることで「サンクション＝いじめ」が発生しやすくなるのです。

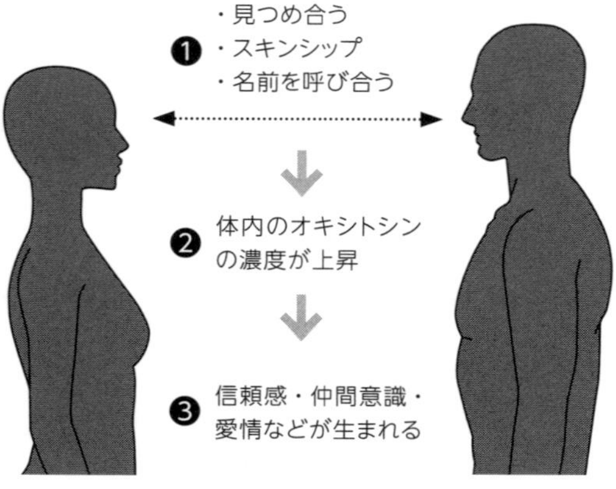

図　“愛情ホルモン”オキシトシンの働き

男性のいじめは「パワハラ」、女性のいじめは「村八分」

ママ友同士の間でも、しばしばいじめの問題が取り上げられますが、これは前述のように女性のほうがオキシトシンそのものの量が多いという事情に起因するのかもしれません。

そもそもオキシトシンは、子どもを産み、守ることを目的に分泌されるホルモンです。女性は、出産・育児をするため、他者からの攻撃に対して自分や子どもを守ることのできない期間があります。その間は集団でいるほうが安全です。そこで、集団や仲間をつくるためにオキシトシンの利点が生かされるわけですが、同時に集団から外れることに対する恐怖も大きくなります。そのため、自ら集団をつくりつつ、自分や自分の子育てに不利益を与えそうな人に対しては、集団の力を使って排除してもらおうという動きが生まれます。そういう意味では、もっとも「本能に近い＝ホルモンの働きに忠実」な環境になっているのが、「ママ友社会」なのかもしれません。

一方、**男性の集団やグループは、派閥をつくるなどヒエラルキーを前提**としていることが多いといえます。男性はどうしても、肩書や給料や学歴など、上下をつけたがる傾向があるのです。
敵対する派閥があれば、自分の派閥のほうが上でありたいと、優劣や順位をつけたがるのが特徴です。**男性に多く分泌するテストステロン**（テストステロンについては、次章であらためて解説します）**は、支配欲と攻撃性を高める**ため、「常に自分が上にいたい」、もしくは「強い組織に属していたい」という意識が高まりやすいのです。
このような特徴は、男性が持つ社会性のひとつといえるでしょう。男性の場合、所属する社会において、より支配的であるほうが、自分や自分の家族、自分の集団を守るために安全であったからだと考えられます。

総じて、男性的派閥はヒエラルキーによる力で成り立っており、女性的仲間は平等性や同一性を前提とする性質が強く見られるようです。したがって、**テストステロンの分泌が多い男性のグループは派閥的であり、オキシトシンの分泌が多い女性のグループは仲間的**であるといってもよいでしょう。こうした理由から、男性のいじめは力によるパワハラ、女性のいじめは村八分となりやすいのかもしれません。

第5章

いじめにかかわる脳内物質③
——ドーパミンとテストステロン

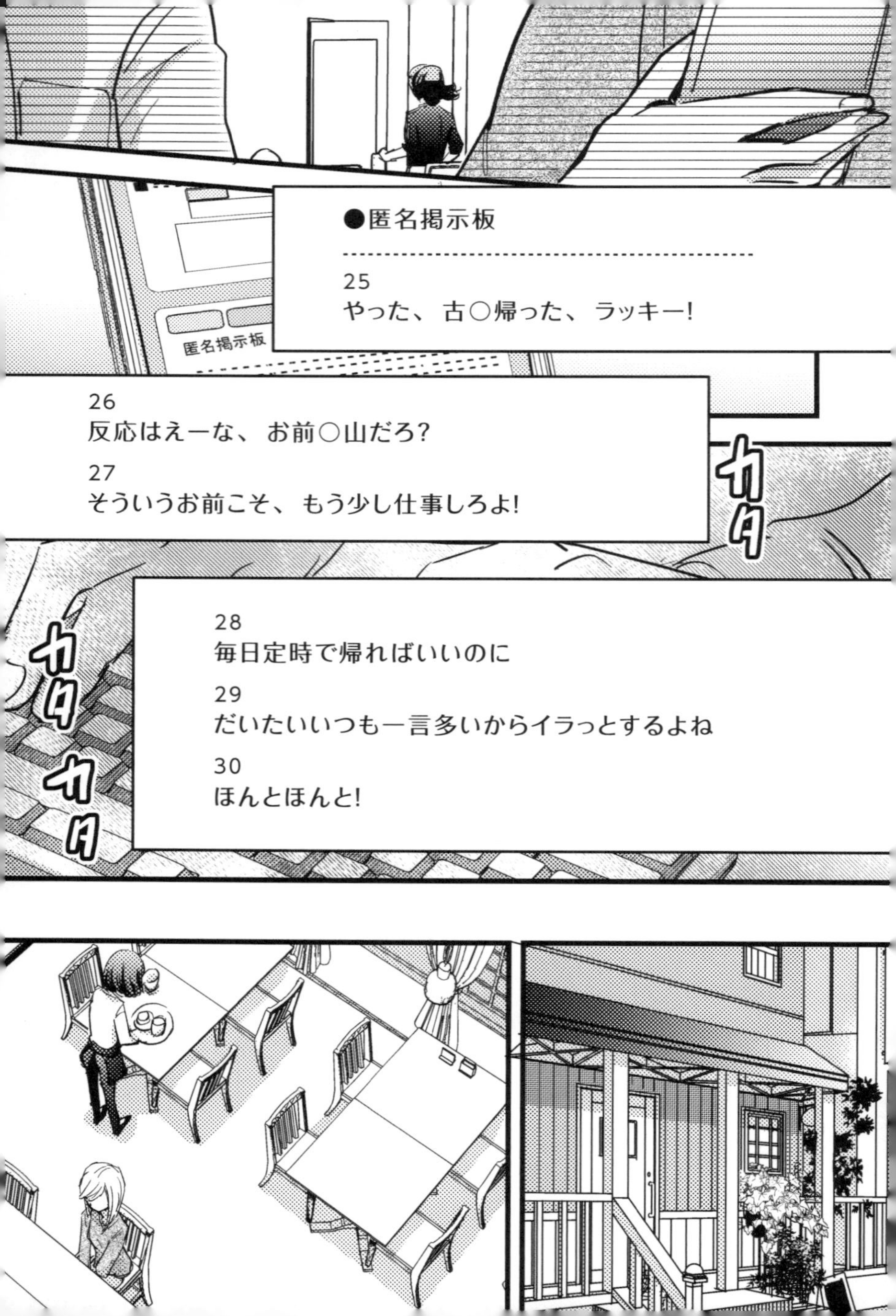

●匿名掲示板
25
やった、古○帰った、ラッキー!
匿名掲示板
26
反応はえーな、お前○山だろ?
27
そういうお前こそ、もう少し仕事しろよ!
カタ
28
毎日定時で帰ればいいのに
29
だいたいいつも一言多いからイラっとするよね
30
ほんとほんと!
カタカタ

歯を抜く、
かあ…。
そんなひどい攻撃をする意味が、あるんでしょうか…?
本来、制裁行動はまったく合理的ではありません。
仕返しされるリスクが生まれますし、理性的にはよくないことだとわかっています。
しかし、人間の脳はその理性的なブレーキを上回るほど、
攻撃することに快感を感じるようにプログラムされているのです。
快感って…!
脳が快感を感じるのは、神経伝達物質のひとつ、
「ドーパミン」の働きによるものです。

快感の神経は、生きるためや子孫を残すために必要な行為を行うときに活性化します。
そのため、食事やセックスをするときにドーパミンが放出され、快感を覚えるようにできているのです。
マスター！お客さんの忘れ物です。
スマホー！
おや？
……
いじめが…、
生きていくために必要とは思えません……
…例えば、

おなかがいっぱいで、食べたら太るとわかっているのに、
食べすぎてしまうことってありませんか？
え？
あ、はい…。
ありますが…
このことは、情動は往々にして、理性を凌駕することを物語っています。
えっ？
いじめのはじまりは、「間違っている人を正す」という気持ちから発生します。
正義！
所属集団を守るため、ルールに従わないものに罰を与えるという「正義」によって制裁を加えるので、
正義達成欲求や、所属集団からの承認欲求が満たされ、快感が得られます。
決まり
ルール

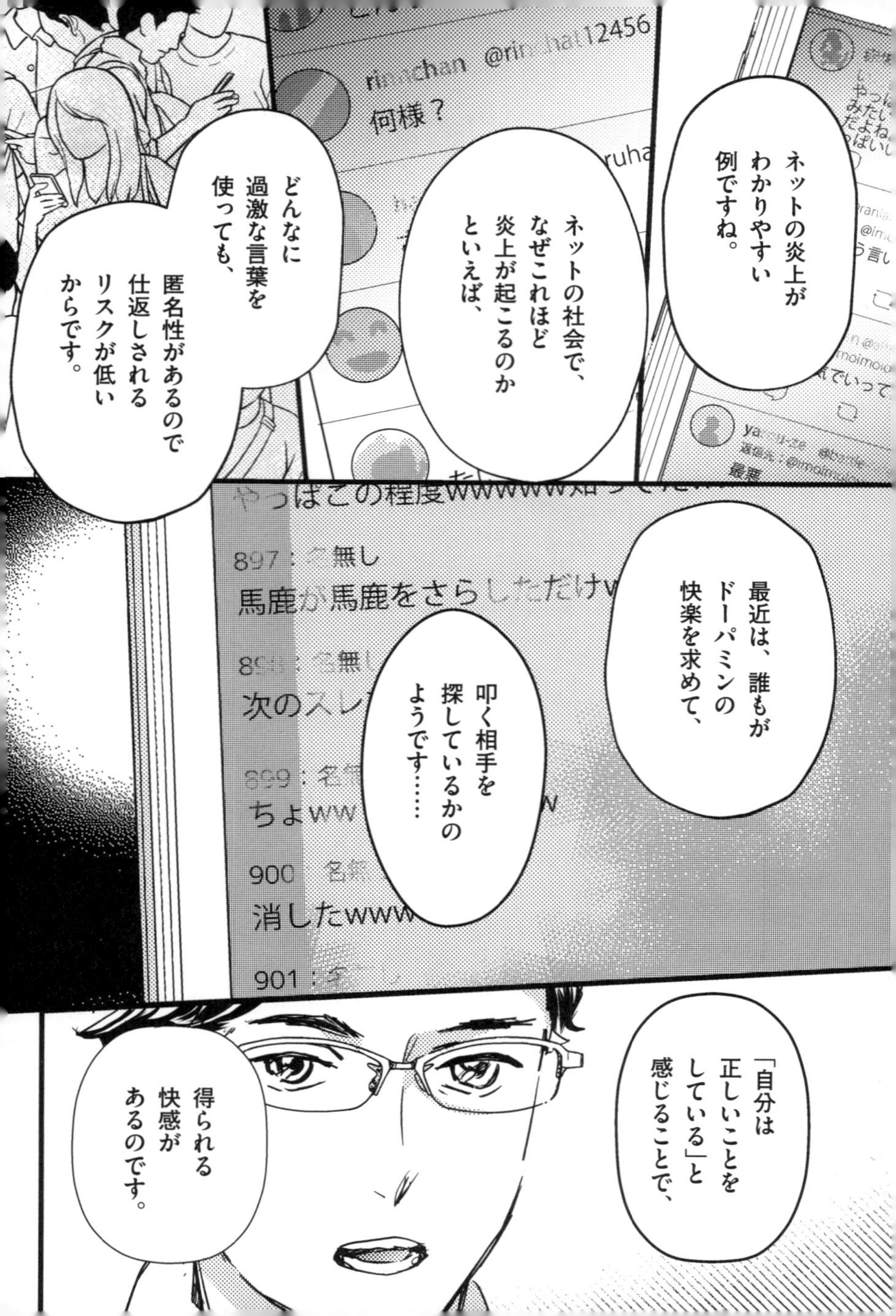
ネットの炎上がわかりやすい例ですね。
何様？
ネットの社会で、なぜこれほど炎上が起こるのかといえば、
どんなに過激な言葉を使っても、
匿名性があるので仕返しされるリスクが低いからです。
最近は、誰もがドーパミンの快楽を求めて、
叩く相手を探しているかのようです……
「自分は正しいことをしている」と感じることで、
得られる快感があるのです。

●匿名掲示板
35
真○のsnsに個人情報書き込んだヤツ、誰だよ!
36
○下アカウント消しちゃったじゃん　草
37
伏字になってねー
38
でもアイツ、全然こたえてなくね?
39
ていうか、ちょっとかわいそう
40
別にあいつ悪くないよな
空気読めないだけで!
41
あと仕事もできないけどwww
それでどんどんエスカレートして――
自殺するまで追い込むんでしょうか?

あるいは自殺はしなくても、
一生消えない記憶に悩まされる人がたくさんいます。
うーん……
特に子どものいじめって過激な気がします。
実は、子どもたちのいじめのなかでも、過激ないじめは、小学校高学年から中学2年生に多くなるとされています。
ヴヴーヴヴー
それも、脳の仕組みに理由があるんですか？
はい。
いわゆる反抗期とか思春期といわれるこの時期に、特に男子の脳で起きているのは、
性ホルモンである「テストステロン」の変化です。

テストステロンは支配欲と攻撃性を高めると言いましたが、
9歳から急激に増えて、15歳になるまでにピークに達します。
同時にこの時期から脳内では、情動の「ブレーキ機能」といえる前頭前野が育っていきます。
前頭前野の働き
・考える
・行動をコントロールする
・コミュニケーションする
・記憶する
・意思決定する
・情動を制御する
・集中する
・やる気を出す
・注意を分散する
しかし残念ながら、このブレーキ機能がきちんと成熟するのは30歳前後で、まだこの時期は極めてききの悪いブレーキです。

テストステロンによる攻撃性が高まるこの時期にブレーキが未完成なため、
衝動を止めることが非常に難しい。
そのため、周囲の大人はこの時期の子どもに対して、
脳が成長過程であることを踏まえた注意と対応が必要なのです。
ガチャ
いらっしゃいま…
!
昼間の…?
あの……

やっぱり、ここだったのね！
よかった〜〜
もー、ふだん忘れたりしないのにな。
あの人の呪いだったりして！
くすっ
えー、ナニソレ？
コワーイ
ほら、私たちがウワサしちゃったから……
あの人、呪いとかかけられそうじゃない？
くすくす
えー、もうほんとヤダ！
近づきたくない〜
きゃはは
失礼ですが、お近くの方ですか？
はい？
ということは、お子さんが通われているのは、○○中学校でしょうか？
？そうですけど…？

歯を抜くなんて、事態は深刻ですよ。
なぜなにも対処しようとなさらないのですか？
…は？
マスター!?
なんですか？勝手にわたしたちの会話を……
失礼！
声が大きいので、嫌でも聞こえてきまして。
聞こえたって…、
あなたには関係ないでしょ！

第一、私たちにも関係ないし！
その子の親がなんとかするべきなのよ！
…もし、
その子が死んでしまっても、
関係ないと言えるのでしょうか？
そんな会話を笑いながら話しているなんて、
ご自身の子どもたちの脳にも悪影響です。
あなた、さっきからなんなのよ！
私たちには、ガス抜きもダメだって言いたいの!?
そんなつもりはありません。
ただ――

大人として、
よく考えて
行動してください。
子どもたちを
守れるのは、
大人だけなのです。
…！
失礼な…！
こんな店、
もう二度と
来るもんですか！
ガシャン
あぁ
せっかくの
お客さん…
周囲の大人は、
この時期の
子どもに対して、
脳が成長過程で
あることを踏まえた
注意と対応が
必要なのです…。

ただいま……
ガチャ
健悟《けんご》？
いないの？

健悟…?
かあさん…!?
は…
あなた、なにして——
早かったね。
なんでもな…

あ…！
これは、どういうことなの⁉
ちゃんと説明しなさい！
それ、
誰にやられたの⁉

健吾
あなた、
やっぱりいじめられて！
ちが…
この間の歯も、転んだなんて嘘でしょ！
ちがう…、
なぜ黙ってたの⁉
かあさん…
待って……
こんな嘘ついて！
ほんとに、あんたって子は――

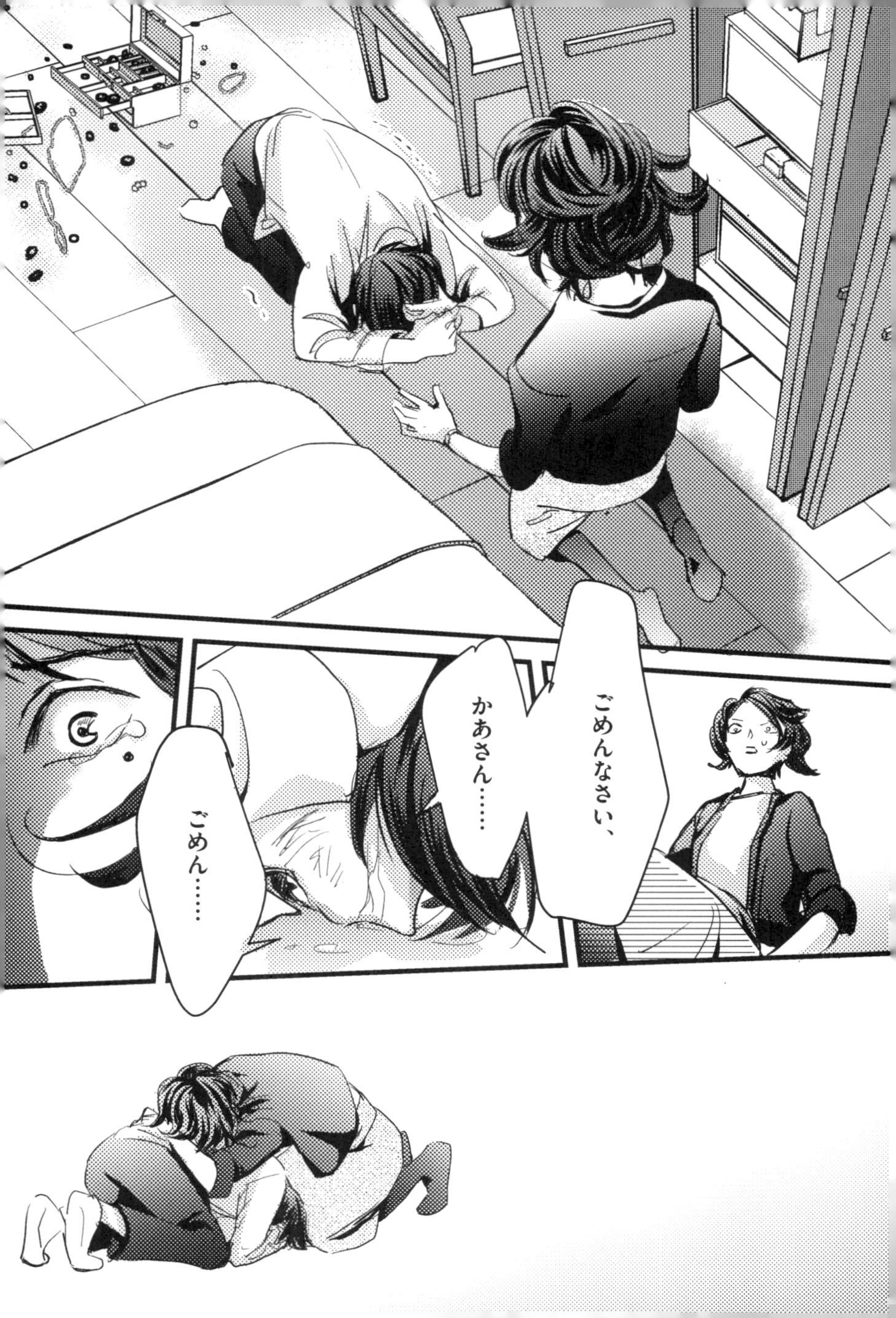
ごめんなさい、
かあさん……
ごめん……

「ドーパミン」による快感と「テストステロン」による攻撃性

いじめで放出される「ドーパミン」

相手を攻撃することは、理性的にはよくないことだと知っています。ところが一方で、人間の脳はその理性的なブレーキを上回るほど、攻撃することに「快感」を感じるようにプログラムされています。

私たちの**脳が快感を感じるのは、「快楽物質」と呼ばれるドーパミンの働き**によるものです。ドーパミンは、セロトニンやオキシトシンと同じ神経伝達物質のひとつで、神経A10から分泌されます。この神経は、種と個体の維持、情動に関連する領域につながっているため、「自分が生きていくために必要なもの」を得るときや、「子孫を残すために必要な行為」をするときに活性化するようにできています。食事やセックスをするときにドーパミンが放出され、快感を覚えるのはこのためです。

まんがのなかでも触れましたが、おなかがいっぱいで食べたら太るとわかっていても食べすぎてしまうことがあります。これは、**情動は往々にして理性を凌駕する**ことを物語っています。いじめの場合もこれと同じで、やってはいけないと思っていても、その行動が促進されることがあるのです。実際に、オーバーサンクションが発動するときの脳では、ドーパミンが放出され、快感を感じることがわかっています。

いじめる側の「自分は正義」という思い込み

いじめのはじまりは、多くは「間違っている人を正す」という気持ちから発生します。「お前は間違っているだろう！」という気持ちで制裁し、「自分は正しいことをしている」と感じることで快感を得るのです。いじめている側の、自分は正義であるという思い込みは絶対で、自分の行動を正当化し、相手を攻め、追い込んでいくのです。

ネットの炎上がわかりやすい例でしょう。共同体のルールに従わないものを糾弾しようと、**正義と信じる側からバッシングしている人たちにとって、ネットで炎上させることはある種の承認欲求が満たされるので快感そのもの**なのです。そして炎上すればするほど、ドーパミンという脳内麻薬が活性化し、バッシングはさらに過激化します。最近は誰もが、バッシングすることで得られるドーパミンの快楽を求めて、常に叩く相手を探しているかのようです。

思春期に起こる「テストステロン」の急激な変化

子どもたちの間で起こるいじめのなかでも、**過激ないじめは小学校の高学年から中学2年生に多くなる**ようです。一般的には、いわゆる反抗期や思春期にあたりますが、この時期に特に男子の脳では、テストステロンの急激な変化が起こっています。

テストステロンとは、主に男性に多く分泌される男性ホルモンのひとつです。分泌量は9歳から急激に増え、15歳になるまでにピークに達します。

テストステロンは、支配欲や攻撃性といった男性的な傾向を強めるとされています。

人によって分泌量は異なりますが、多い人は攻撃性が高くなり、他人を支配したり出し抜きたいという気持ちが強くなる傾向にあります。女性であっても、テストステロンの値が高い人は、攻撃的になりやすいとされています。

攻撃性が高まるのに、ブレーキがきかない

話を少年期に戻しますが、この時期の男子は特に、攻撃性が高まってくる可能性が高いのです。同時に、この時期から脳内では、いわゆる情動の「ブレーキ機能」といえる前頭前野が育っていきます。しかしながら、このブレーキ機能が成熟するのは30歳前後です。つまり、テストステロンによる攻撃性が高まるこの時期に、ブレーキが未完成なため、衝動を止めることが難しいのです。裏切り者検出モジュールと、その衝動が結びつくことで、制裁行動はより苛烈になってしまいます。

そのため、周囲の大人はこの時期の子どもに対し、脳が成長過程であることを踏まえた注意と対応が欠かせません。些細な「からかい」や「冗談」などからでも情動を激化させやすく、トラブルが深刻になりやすいと認識し、対応すべきなのです。

C O L U M N

講演会などで、「男性と女性では、どちらの妬みが強いですか？」という質問をよく受けます。「妬」の漢字には、「おんなへん」がつくので、女性のほうが妬みが強いと思われがちですが、妬みに伴って生じる、相手が痛い目に遭ったときの快感に着目すると、これは、男性のほうが感じやすいのです。というのも、男性は「社会的報酬」を感じやすい生き物だからです。

人間の脳には、「報酬系」という回路があり、ここが活動するとドーパミンが分泌され、強い快感が得られます。食事やセックスをしたときの快感は「生理的報酬」、金銭を得られたときの快感は「金銭的報酬」と呼びますが、それだけではありません。人間は、他人からほめられたり、よい評価を受けたりしたときも報酬と感じます。そうした社会的に評価されたときに得られる快感を「社会的報酬」と呼びます。

社会的報酬は、人間にとってさまざまな行動の原動力となります。そして「競争に勝ちたい」「頼られたい」などといった社会的報酬を求める欲求は、男性のほうが強いとされていますから、妬みという感情も生じやすいのです。

「妬み」と「社会的報酬」

第6章

いじめの回避策

CLOSED
あ～～
今日は いろいろ あったなあ。
つかれた～～っ
でも、マスターって 意外と言う人 だったんですね！
かっこよかったっ
さすがに 深刻な事態だと 思いましたので。
…あの、
マスターが 言ってくれた ことで、 歯を 抜かれちゃった子は 救われるでしょうか？
それは…… おそらく 無理でしょうね。
あまりにも 無自覚な発言を しているので 口を挟みましたが、
彼女たちが 行動を起こすとは 思えません。
そんな……

○○中学校ならツテもないことはないので、すぐに確認してみるつもりですが。
ツテ!?
えっ!?
マスターってほんと何者なんです?
だからカフェのマスターですって。
もーーっ
この返しパターン飽きました!
この前はいじめの対策なんてないって言ってたのに。
ないとは言ってないですよ。
現状を正しく理解して、それぞれの現場で考えなければいけないと言ったんです。
さっきも言ったように、特に子どものいじめには周囲の大人たちの注意と対応が不可欠です。
子どもと大人のいじめでは対策が違いますし、
いじめが起きないように対策するのか、すでに起きているのかでも、変わってきます。

あ、はい！
じゃあ、私がいじめられないための対策を教えてください！
野々村さんはいじめられないと思いますよ。
集団に所属しなさそうだし、他人に興味なさそうです。
え？ディスってます？
今日思ったんですけど、
こほんっ
所属したくなくたって、子どもが生まれたら私だってママ友づきあいが必要になるかもしれませんし！
そうですね。
たしかに…
女性同士のいじめの場合は、
妬みなどからいじめに発展するケースが多いです。

そうした感情が大きくなるのは、
「類似性」と「獲得可能性」が高くなるときといわれています。
類似性と獲得可能性……
ですか？
はい。
類似性というのは、性別とか職業とか趣味嗜好とかが、どれくらい似通っているかを示す指標です。
獲得可能性とは、相手が持っているものに対して、自分もそれらが得られるのではないかという可能性のことです。

類似性と獲得可能性が高い――
つまり、自分と同じような人が自分が手に入れられないものを手に入れたりしたときに、
妬みが生まれやすいのです。
そもそも年齢や価値観や目的がまったく違う人、
努力してもまったく追いつけなさそうな天才肌の人などは、妬みの対象にはなりません。
エリリン熱愛発
確かに…!
女性同士のいじめを回避する方法のひとつとしては、
類似性と獲得可能性を下げればいいんです。
下げるって、
どうやって?

類似性を下げるには、
単純ですが、例えば「若さ」や「女性らしさ」を前面に出さないこと。
声も重要です。
高い声は若さの強調になりますから、
できるだけ低い声でゆっくり落ち着いた話し方を心がけるといいでしょう。
えー、なんかめんどくさっ！
女らしさを出さないなんて
そんなの、私無理じゃない？
えーっ
いや、野々村さんは大丈夫だと思いますよ。
なんでちょいちょい人を貶めようと！

病棟→
獲得可能性を下げるには、「あの人には敵わない」と思わせることが効果的です。
〝自分はこの仕事や分野に関してはプロフェッショナルである〟ということを見せる演出が大事になります。
例えば、数字やデータを用いて論理的に説明できるようにしておくとかですね。
それは私には難しいかも……
逆に、自虐ネタの達人になるというのも手ですよ。
妬み感情と敵対しないためには、「自分の敵にはならない」と思わせることも有効ですから。

「自分は完璧な人間ではない」ということをアピールするのです。
心理学で「アンダードッグ効果」といわれるものです。
子どもの場合はどうなのでしょう。
そもそも学校って、なんであんなにいじめが多いのか…
そうですね。
学校は、通う目的も年齢も同じ子が集まり、
そこで均一の教育を受けていますよね。
あ！

類似性と獲得可能性の高い集団――
なんですね！
はい、
妬みの感情が非常に起こりやすい環境が整っているんです。
5
MAY
6
JUNE
11
10
OCT
そして5～6月や10～11月にいじめが発生しやすい、学級が荒れやすいとされています。
なぜだかわかりますか？
いえ……
学園祭
ひとつは、運動会や学芸会など、
普段勉強が得意でない子どもも活躍できる場が多いことです。

しかし、イベントが終わると突然その「社会的報酬」が得られなくなる。
そのイライラからいじめるっていうんですか?
はい。
実は、同じ時期に安心ホルモンであるセロトニンの分泌量が変化するのです。
5~6月と10~11月は、日照時間が変わる時期ですが、
セロトニンの合成がうまくできず、分泌量も減ることがわかっています。
NH2
HO
NH
C10H12N2O

その結果、不安が強まったり、暴力性を高めたりしやすい時期なんです。
ブレーキのきかない子どもの脳が衝動を止められない――
そんなの……いじめられている人には関係ないじゃないですか。
そうですよ、
だからいじめられている人は、なにも悪くないんです。
ただ、いじめをなくすためには、
いじめる衝動を発生させないように配慮することが必要なんです。
そんなことできるんですか？

ひとつは、仲間意識を不必要に高めないことが大事ですね。
例えば、クラスの人間関係が入れ替わるようなイベントをするなど、
集団が固定化し、関係が濃密になりすぎない工夫を取り入れる必要があります。
でも、子どもがイベントを決められるわけでもないし……
そうです。
だから大人が正しい知識を得て変えていかない限り、
学校での悲惨ないじめが減ることもないでしょう。

そして
残念ながら、
エスカレートした
いじめを
自分たちで止める方法は、
ありません。
集団による
いじめは、
一度攻撃がはじまって
しまうと、
誰もがその行為に
正義を感じ、
快感の中毒に
なっていきます。
いじめを止めようと
いう人が現れても、
「この行為を
止めようとする
お前がいることによって、
団結が乱される」と、
かえって標的に
されてしまいます。
だから
「攻撃の手が
伸びないところまで
逃げ切る」しか
ないでしょう。

十分に時間的・空間的距離をとった後であれば、集団からは「よそ者」の扱いになるので、「排除しなければ」という感情は薄くなります。
休学する、転校するなど、いじめの加害者から空間的・時間的距離を置くことは、子どもの性格や状態に合わせる必要はあるものの、回避策としては早急に検討すべき方法です。
なぜいじめられているほうが、
逃げなきゃいけないんですか…？

生きるため
ですよ。
いじめられる
集団に属している
必要なんて
ありません。
学校以外の
いろんな場所で、
学ぶことは
できますから。

そして「いじめている側」の人には、自分たちがしたことの責任はきちんと取ってもらいます。
歯を抜くなんて、いじめの言葉ではすませられない。
犯罪行為ですから。
じゃあ私、そろそろ…
ーー、
ありがとうございました!
そうじまで手伝ってもらっちゃって
こちらさしあげます。
1号さんよかったら、
脳科学といじめ
仲沢裕樹
いじめに苦しむすべての人へ
え…?
本…

『脳科学と いじめ』……
マスターって本出してるんですか⁉
著者名⁉
うそーっ
ほんとに脳科学者だったんだ⁉
野々村さん。
いじめは、一人ひとりの知識と意識を変えていかなければなくなりません。
私にできることは、このくらいですから。
脳科学といじめ
ありがとうございます。
仲沢裕樹
いじめに苦しむすべての人へ
仲沢裕樹

そうだ、マスター！カフェでいじめ相談とか受けませんか？
え！
貼り紙しましょうっ！
「脳科学者のマスターが、いじめ相談承ります！」
なぜそんなことを♪
死活問題ですからっお客さん！
プアーー
ガタン
ガタン
私も、
できることを考えてみよう。

大人のいじめの回避策

「類似性」と「獲得可能性」を下げる

大人のいじめは、妬みからいじめに発展するケースが少なくありませんが、妬みは人間が本質的に持っている感情なので、まともにぶつかるのは逆効果です。できるだけ抱かせないようにするには、「類似性」と「獲得可能性」を下げる工夫が有効です。

類似性とは、性別や職種や趣味嗜好などが、どれくらい似通っているかを示す指標です。つまり、自分と同じくらいの立場の人が、自分より優れたものを手に入れていると、より悔しい感情が生まれやすいのです。

一方の**獲得可能性とは、相手が持っているものに対して、自分もそれらが得られるのではないかという可能性**のことです。自分と同等と思うような人が、自分が手に入れられないものを手に入れ、また自分が届かなかったレベルに相手が届いてしまったときに、妬みが生まれやすいのです。

例えば女性同士の場合であれば、**類似性を下げる方法のひとつとして、単純ですが服装などの外見や言動などに「若さ」や「女性らしさ」を前面に出さないことがポイント**になります。また、声も大事な留意点です。高い声は若さを強調するので、もし自分が高い声だと認識している方は、低い声でゆっくり落ち着いた話し方を心がけるほうがよいです。窮屈に思われるかもしれませんが、扱いの面倒な嫉妬感情や妬み感情をあおらないために、これも生きる知恵のひとつだと割り切ってしまいましょう。

次に、**獲得可能性を下げるための方法ですが、「あの人にはかなわない」と思わせることがもっとも有効**です。「自分はこの仕事や分野に関してはプロフェッショナルである」ということを見せる演出を心がけましょう。例えば教師であれば、保護者から不安の声が上がったときに、「以前は○○が常識でしたが、最近は△△という研究結果が出ています」など、数字やデータを用いて論理的に説明・反論できるようにしておくと効果的です。

また、**妬み感情と敵対しないためには、「この人は自分の領域を侵さないだろう」「自分の敵にはならないだろう」と思わせることも有効**です。そのためには、「自分は完璧な人間ではない」ということがわかる「負の部分」を相手にさらけ出してしまうのです。心理学で「アンダードッグ効果（相手に自分の腹を見せること）」といわれるもので、例えば「実家がものすごく貧乏ななか、苦労して育ったんです」など、自分が得をしているのではないかと疑われがちな部分を相殺できるような「自分の負の部分」を相手に見せられると効果があります。

「60％の仲」を目指す

男性でも女性でも、職場の人間関係がうまくいかない、気を遣っているつもりなのに自己中心的だといわれ、嫌われたり、パワハラやいじめを受けてしまう――そんな経験をして悩んでいる人も少なくないでしょう。
「世の中に苦手な人がいない」という人はいません。同じ職場でも自分と合わない人がいるのは仕方ないことですが、自分にとって苦手な人は多くの場合、相手も自分に対してネガティブな感情を持っています。
「なぜ相手が自分を気に入らないのかがわからない」という人がいますが、それは「自分の感覚」と「他人の感覚」では基準が違うということに気づいていないか、もしくは相手の目線が自分のどこに向けられているかに気づいていないのです。
価値観は人それぞれなので、上手に人間関係を築くためには、相手の基準とうまく間合いをとりつつ付き合うことが大事です。これには経験が必要で、経験が浅いうちは失敗を重ねながら、「ちょうどよい間合い」を少しずつ学んでいきましょう。
その基準に、自分を無理に合わせる必要はありません。ただ、その人の基準がどうであるかを知っていれば、その基準に対し、自分になにが当てはまり、なにが足りないのかを見つめ直すことができ、間合いの取り方も見えてくるのではないでしょうか。
苦手な人と仲良くなろうと無理をするのではなく、適度な距離を保ち、お互いに傷つけ合わない「60％の仲」を目指すといった気持ちで対応していくとよいでしょう。

子どものいじめの回避策

学校以外の場所を活用する

まず、子どもはごくシンプルに「成熟していないヒト」であるという現実を認識する必要があります。子どもの脳は発達段階で、抑制がききません。限度を知らないので、いくら「いじめるな」といっても行動を止めることはなく、結局は大人が見えないところで隠れてやってしまうだけです。

子どものいじめの特徴として、加害者は自分たちの行為をそれほど深刻に捉えていないということが挙げられます。しかも、いじめが集団で行われるときのおぞましいことは、いじめている側に正当性があると思っていることです。いじめを止めようという人が現れても、「この行為をすることによって、みんながいい状態になるのに、なぜお前はやらないのか」と、かえって標的にされてしまいます。

集団によるいじめは、一度攻撃が始まれば、誰もがその行為に正義を感じ、快感の中毒になっていきます。その過程のなかで、いじめられている側が、自分たちの力だけでそれを回避することは容易ではありません。もっとも有効な回避方法は、「攻撃の手が伸びないところまで逃げ切る」「保護者に報告する」ことでしょうが、真面目な子どもほど、逃げてはいけないと思ったり、保護者に心配をかけたくないと思ったりして、事態は潜在化してしまいます。

いずれにしても、**攻撃したい人の衝動を「どうにか抑制できる」とは思わないほうがよい**でしょう。いじめの被害が想定されるような状況を発見した場合には、空間的に距離をおいてしまうほかないのです。

例えば、いじめの被害を受けた子どもには、学校以外の場所で学習する権利を与え、eラーニングなどを活用するという支援の方法がもっとあってよいと思います。「自宅学習だけでは、子ども同士のコミュニケーションを学べない」という人もいますが、コミュニケーションを学ぶ方法がいじめだとしたら、あまりにも過酷すぎます。時には死を覚悟してまで学ばなければならないコミュニケーションとはなんなのでしょう。他の方法でも十分に学べる場があるはずです。

空間的・時間的距離を置く

いじめられた子どもが学校を休んだり、他の場所に一時避難した後、再び同じ学級に戻ってきたときに、加害者の子どもたちはどのような反応をとるでしょうか？

おそらく、**十分に時間的・空間的距離をとった後であれば、オキシトシンの特性から考察すると「よそ者」という扱いになるので、「排除しなければ」という感情はすぐには湧かない可能性が高い**と考えられます。そのため、週に3回学校に来て、週に2回はeラーニングで学ぶといったような、多様かつ柔軟な避難措置が求められます。

例えば、結婚後に仲が悪くなる夫婦というのは、育った環境が違う他人同士だから価値観がずれて仲が悪くなるのではなく、「仲間になったはずなのに、自分の思った通りにしない」ことへの不満の感情から仲が悪くなることが多いようです。

オキシトシンが低く、お互いの関係が冷めて破綻する夫婦も当然いますが、オキシトシンが高すぎて、お互いに排除する立場になって破綻するということも珍しくありません。そのため、ご主人が単身赴任するなど、一緒にいる時間が長くないほうが、かえっていつまでも仲がよかったりします。これはオキシトシンが高くなりすぎないことでうまくいっているのでしょう。

これと同じ状況が、学校のクラスでも考えられます。「仲間のくせに、あいつは空気が読めないから気に入らない」と思っていたのが、距離が遠くなることで仲間という意識も薄くなります。時々現れても「他人」として扱われるわけで、その状態では「お前も空気を読め」といった圧力はかかりにくくなるのです。

しかし、「他人」として扱われることに「寂しい」「耐えられない」と感じる人も当然いるでしょう。その場合には、一時避難ではなく転校という方法を考える必要があるかもしれません。

いずれにしても、**いじめの加害者から空間的・時間的距離を置くことは、子どもの性格や状態に合わせる必要はありますが、回避策としては十分に、そして早急に検討すべき方法**だと思います。

じゃがいも～♪
ふんふふん
脳カフェ
土日限定
いじめ相談
脳科学者のマスターがいじめ相談承ります
！
ガチャッ
いらっしゃいませ！
あの、表の貼り紙……
はいっ、承ってますよ！
マスター‼
貼り紙、本当に貼ったのですか⁉
まあまあ！

…いじめられているのではないかと思うことは、
前からあったんです。
でも子どもは否定するし、夫は帰りが遅くて話を聞いてくれず、
いつも喧嘩になって……
結局 私も、子どもに対してなにもしてこれなかった……
真面目なお子さんほど、逃げてはいけないと思ったり、
両親に心配をかけたくないと思ってしまったりするものです。

今考えなければいけないことは、後悔よりもこれからです。
いじめを受けている子どもにとっては、一日が永遠と感じるような長い時間に——
いじめ相談
ガチャ
あの、こんにちは!
表の貼り紙って……

古屋さん！
どうしてここに…？
──いじめは、
今日もどこかで行われている。

速報
中学生四人を逮捕
NEWS LIVE
しかし、一人ひとりが〝ヒト〟のことを知り、
いじめをなくそうと思えたら——
悪質ないじめ
速報
中学生四人を逮捕
NEWS LIVE

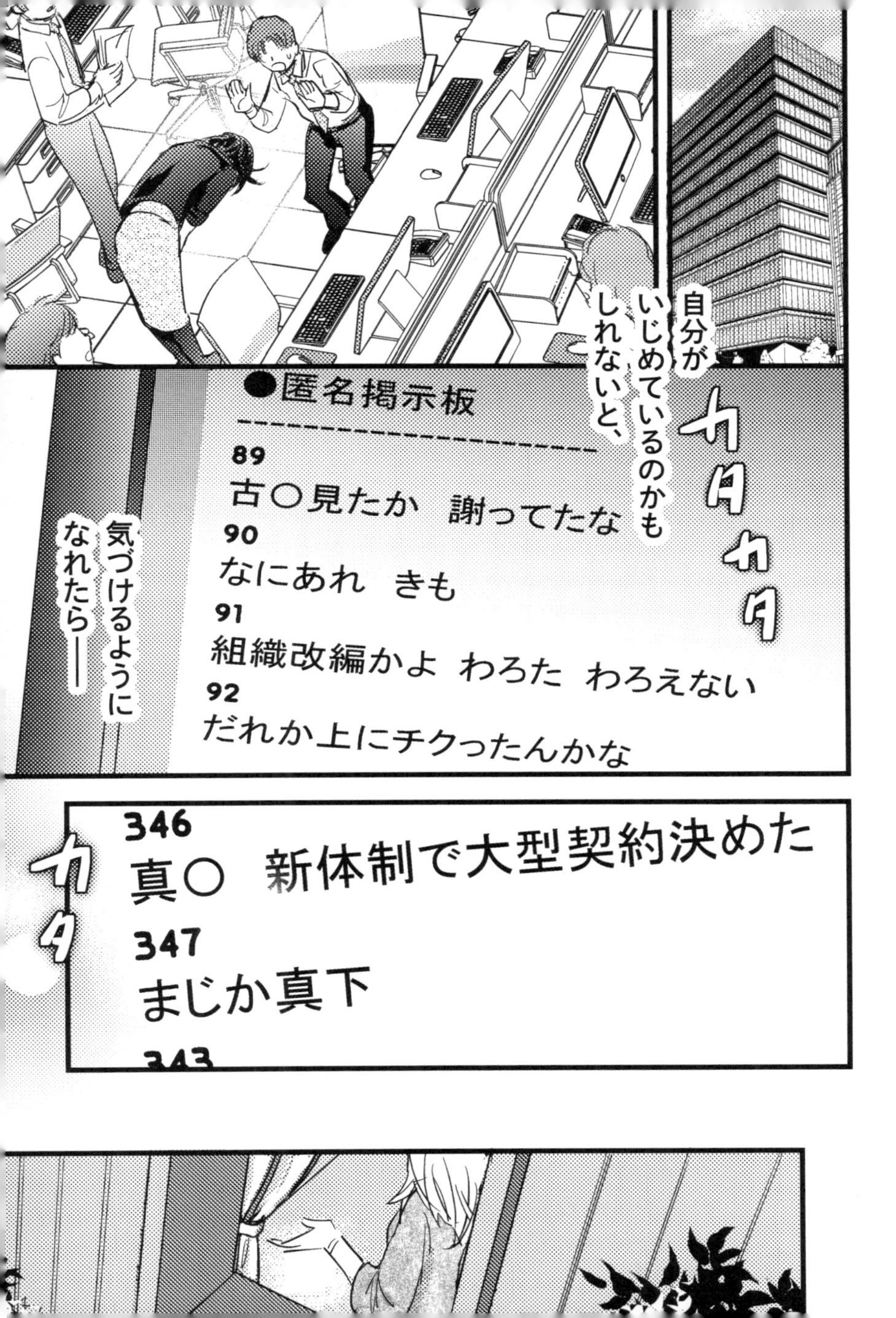
自分が
いじめているのかも
しれないと、
カタカタ
●匿名掲示板
89
古○見たか　謝ってたな
90
なにあれ　きも
91
組織改編かよ　わろた　わろえない
92
だれか上にチクったんかな
気づけるように
なれたら――
346
真○　新体制で大型契約決めた
347
まじか真下
カタ

きっと、
変わっていくだろう。
集団のなかで、ひとりだけが違う人だと思われると、
いじめは起こりやすい。
本日の「いじめ相談」は予約でいっぱいです。
ごめんなさい～
脳カフェ

でも、それぞれ全員が違う人だと、
メンタルケア カウンセラー 講座
認識されている関係であれば、
メンタルケア カウンセラー講座 講義スケジュール
いじめは起こりようがないんです。

※電話相談を利用される場合には、電話番号をよくお確かめのうえ、お間違えのないようにご注意ください。

[大人向け]

● **こころの耳（日本産業カウンセラー協会）**
http://kokoro.mhlw.go.jp
電話：0120-565-455

● **みんなの人権110番（法務省）**
http://www.moj.go.jp/JINKEN/jinken20.html
電話：0570-003-110

● **こころの健康相談（厚生労働省）**
https://www.mhlw.go.jp/stf/seisakunitsuite/bunya/0000188813.html
統一ダイヤル：0570-064-556

● **総合労働相談コーナー（厚生労働省）**
https://www.mhlw.go.jp/general/seido/chihou/kaiketu/soudan.html

● **いのちの電話の相談（日本いのちの電話連盟）**
https://www.inochinodenwa.org
電話：0120-783-556

● **よりそいホットライン／よりそいチャット（社会的包摂サポートセンター）**
http://279338.jp/yorisoi/　　チャット：https://yorisoi-chat.jp
電話：0120-279-338　　※大人も子どもも可

・Jones, Ron "The third wave." Experiencing social psychology (1972) : 203-211
・Sheif, Muzafer. The Robbers Cave Experiment: Intergroup Conflict and Cooperation.[Org. pub. As Intergroup Conflict and Group Relations.]. Wesleyan University Press, 2010
・Elliott, Jane, A Collar In My Pocket : Blue Eyes/Brown Eyes Exercise.Lexington, KY : Create Space Independent Publishing Platform, 2016
・Hitokoto, Hidefumi and Sawada, Masato "Envy and School Bullying in the Japanese Cultural Context" in Envy at Work and in Organizations. Oxford Univercity Press, 2016

いじめ相談・関係連絡先

[子ども向け]

● **24時間子供SOSダイヤル（文部科学省）**
http://www.mext.go.jp/ijime/detail/dial.htm
電話：0120-0-78310

● **子どもの人権110番（法務省）**
http://www.moj.go.jp/JINKEN/jinken112.html
電話：0120-007-110
※上記につながらない場合 http://www.moj.go.jp/JINKEN/jinken112-1.html

● **東京都いじめ相談ホットライン（東京都教育相談センター）**
https://e-sodan.metro.tokyo.jp/tel/hotline/index.html
電話：0120-53-8288

● **ヤング・テレホン・コーナー（警視庁）**
https://www.keishicho.metro.tokyo.jp/smph/sodan/shonen/young.html
電話：03-3580-4970

● **チャイルドライン（チャイルドライン支援センター）**
https://childline.or.jp　　チャット：https://childline.or.jp/chat
電話：0120-99-7777

主な参考文献

・森田洋司『いじめとは何か――教室の問題、社会の問題』（中央公論新社）
・ローアン・ブリゼンディーン『最新科学が解明　男脳がつくるオトコの行動54の秘密』（PHP研究所）
・関根眞一『日本苦情白書 基礎編・異領域比較編』（メデュケーション）
・Srijan Sen, Margit Burmeister, and Debashis Ghosh.(2004) American Journal of Medical Genetics Part B：Neuropsychiatric Genetics. 127B:85-89 "Meta-Analysis of the Association Between a Serotonin Transporter Promoter Polymorphism (5-HTTLPR) and Anxiety-Related Personality Trait
・Cikara Mina, et al. "Reduced self-referential neural response during intergroup competition predicts competitor harm" NeuroImage96(2014):36-43

監修　中野信子（なかの・のぶこ）

1975年、東京都生まれ。脳科学者、医学博士、認知科学者。東京大学工学部応用化学科卒業。東京大学大学院医学系研究科脳神経医学専攻博士課程修了。フランス国立研究所ニューロスピンに博士研究員として勤務後、帰国。脳や心理学をテーマに研究や執筆の活動を精力的に行う。科学の視点から人間社会で起こりうる現象及び人物を読み解く語り口に定評がある。現在、東日本国際大学教授。著書に『ヒトは「いじめ」をやめられない』（小学館）、『シャーデンフロイデ』（幻冬舎）、『サイコパス』（文藝春秋）など多数。また、テレビコメンテーターとしても活躍中。

●STAFF

作画／かんようこ
編集協力／サイドランチ
作画協力／久倉青、山本佳輝、狐塚あやめ、犬神リト
装丁・本文デザイン／大沢肇
制作／後藤直之
販売／佐々木俊典
宣伝／阿部慶輔
編集／薗田浩徳
編集責任／三上信一

まんがでわかる
ヒトは「いじめ」をやめられない

2019年7月24日　初版第1刷発行

監　修　中野信子　©Nobuko Nakano
作　画　かんようこ　©Yoko Kan

発行者　立川義剛
印刷所　凸版印刷株式会社
発行所　株式会社　小学館
〒101-8001　東京都千代田区一ツ橋2-3-1
TEL　編集03(3230)5428　販売03(5281)3555

●造本には十分注意しておりますが、印刷、製本など製造上の不備がございましたら「制作局コールセンター」（フリーダイヤル0120-336-082）にご連絡ください。（電話受付は、土・日・祝休日を除く9:30～17:30）
●本書の一部または全部を無断で複製、転載、複写（コピー）、スキャン、デジタル化、上演、放送等をすることは、著作権法上での例外を除き禁じられています。代行業者等の第三者による本書の電子的複製も認められておりません。

ISBN 978-4-09-388713-7
Printed in Japan